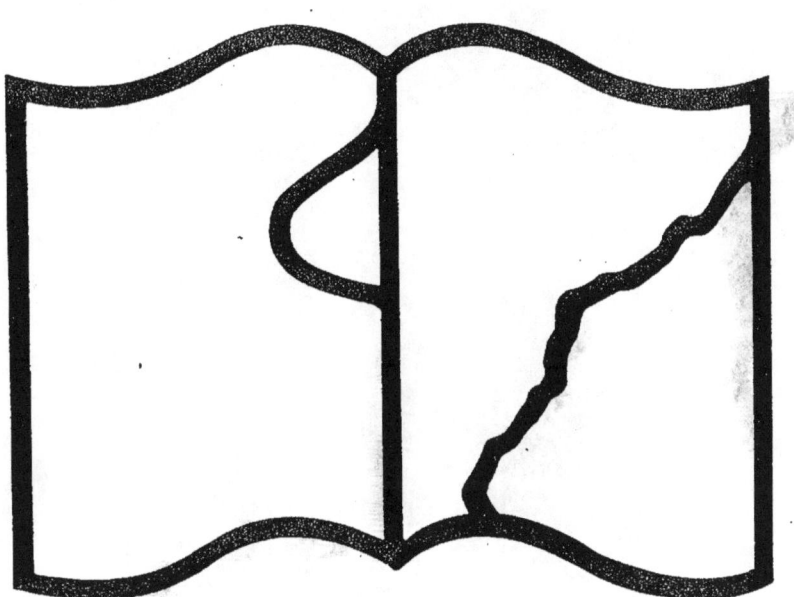

Texte détérioré --- reliure défectueuse

NF Z 43-120-11

p. 77 amachie
Corrotto lle 18 III 60
f.

4° Y² 1163

— LES VOYAGES EXTRAORDINAIRES —

COLLECTION HETZEL

LES VOYAGES EXTRAORDINAIRES
COURONNÉS PAR L'ACADÉMIE FRANÇAISE

ROBUR-LE-CONQUÉRANT

PAR

JULES VERNE

45 DESSINS PAR BENETT

BIBLIOTHÈQUE
D'ÉDUCATION ET DE RÉCRÉATION
J. HETZEL ET Cie, 18, RUE JACOB
PARIS

1886
Tous droits de traduction et de reproduction réservés.

ROBUR-LE-CONQUÉRANT

I

OU LE MONDE SAVANT ET LE MONDE IGNORANT SONT AUSSI
EMBARRASSÉS L'UN QUE L'AUTRE.

« Pan!... Pan!... »

Les deux coups de pistolet partirent presque en même temps. Une vache, qui paissait à cinquante pas de là, reçut une des balles dans l'échine. Elle n'était pour rien dans l'affaire, cependant.

Ni l'un ni l'autre des deux adversaires n'avait été touché.

Quels étaient ces deux gentlemen? On ne sait, et, cependant, c'eût été là, sans doute, l'occasion de faire parvenir leurs noms à la postérité. Tout ce qu'on peut dire, c'est que le plus âgé était Anglais, le plus jeune Américain. Quant à indiquer en quel endroit l'inoffensif ruminant venait de paître sa dernière touffe d'herbe, rien de plus facile. C'était sur la rive droite du Niagara, non loin de ce pont suspendu qui réunit la rive américaine à la rive canadienne, trois milles au-dessous des chutes.

L'Anglais s'avança alors vers l'Américain :

« Je n'en soutiens pas moins que c'était le *Rule Britannia!* dit-il.

— Non! le *Yankee Doodle!* » répliqua l'autre.

La querelle allait recommencer, lorsque l'un des témoins, — sans doute dans l'intérêt du bétail — s'interposa, disant :

« Mettons que c'était le *Rule Doodle* et le *Yankee Britannia*, et allons déjeuner! »

Ce compromis entre les deux chants nationaux de l'Amérique et de la Grande-Bretagne fut adopté à la satisfaction générale. Américains et Anglais, remontant la rive gauche du Niagara, vinrent s'attabler dans l'hôtel de Goat-Island, — un terrain neutre entre les deux chutes. Comme ils sont en présence des œufs bouillis et du jambon traditionnels, du roastbeef froid, relevé de pickles incendiaires, et de flots de thé à rendre jalouses les célèbres cataractes, on ne les dérangera plus. Il est peu probable, d'ailleurs, qu'il soit encore question d'eux dans cette histoire.

Qui avait raison de l'Anglais ou de l'Américain? Il eût été difficile de se prononcer. En tout cas, ce duel montre combien les esprits s'étaient passionnés, non seulement dans le nouveau, mais aussi dans l'ancien continent, à propos d'un phénomène inexplicable, qui, depuis un mois environ, mettait toutes les cervelles à l'envers.

...Os sublime dedit cœlumque tueri,

a dit Ovide pour le plus grand honneur de la créature humaine. En vérité, jamais on n'avait tant regardé le ciel depuis l'apparition de l'homme sur le globe terrestre.

Or, précisément, pendant la nuit précédente, une trompette aérienne avait lancé ses notes cuivrées à travers l'espace, au-dessus de cette portion du Canada située entre le lac Ontario et le lac Érié. Les uns avaient entendu le *Yankee Doodle*, les autres le *Rule Britannia*. De là cette querelle d'Anglo-Saxons qui se terminait par un déjeuner à Goat-Island. Peut-être, en somme, n'était-ce ni l'un ni l'autre de ces chants patriotiques. Mais ce qui n'était douteux pour personne c'est que ce son étrange avait ceci de particulier qu'il semblait descendre du ciel sur la terre.

Fallait-il croire à quelque trompette céleste, embouchée par un ange ou un archange?... N'était-ce pas plutôt de joyeux aéronautes qui jouaient de ce sonore instrument, dont la Renommée fait un si bruyant usage?

Non! Il n'y avait là ni ballon, ni aéronautes. Un phénomène extraordinaire se produisait dans les hautes zones du ciel — phénomène dont on ne pouvait reconnaître la nature ni l'origine. Aujourd'hui, il apparaissait au-dessus de l'Amérique, quarante-huit heures après au-dessus de l'Europe, huit jours plus tard, en Asie, au-dessus du Céleste-Empire. Décidément, si la trompette qui signalait son passage n'était pas celle du jugement dernier, qu'était donc cette trompette?

De là, en tous les pays de la terre, royaumes ou républiques, une certaine inquiétude qu'il importait de calmer. Si vous entendiez dans votre maison quelques bruits bizarres et inexplicables, ne chercheriez-vous pas au plus vite à reconnaître la cause de ces bruits, et, si l'enquête n'aboutissait à rien, n'abandonneriez-vous pas votre maison pour en habiter une autre? Oui, sans doute! Mais ici, la maison, c'était le globe terrestre. Nul moyen de le quitter pour la Lune, Mars, Vénus, Jupiter, ou toute autre planète du système solaire. Il fallait donc découvrir ce qui se passait, non dans le vide infini, mais dans les zones atmosphériques. En effet, pas d'air, pas de bruit, et, comme il y avait bruit, — toujours la fameuse trompette! — c'est que le phénomène s'accomplissait au milieu de la couche d'air, dont la densité va toujours en diminuant et qui ne s'étend pas à plus de deux lieues autour de notre sphéroïde.

Naturellement, des milliers de feuilles publiques s'emparèrent de la question, la traitèrent sous toutes ses formes, l'éclaircirent ou l'obscurcirent, rapportèrent des faits vrais ou faux, alarmèrent ou rassurèrent leurs lecteurs, — dans l'intérêt du tirage, — passionnèrent enfin les masses quelque peu affolées. Du coup, la politique fut par terre, et les affaires n'en allèrent pas plus mal. Mais qu'y avait-il?

On consulta les observatoires du monde entier. S'ils ne répondaient pas, à quoi bon des observatoires? Si les astronomes, qui dédoublent ou détriplent des étoiles à cent mille milliards de lieues, n'étaient pas capables de reconnaître l'origine d'un phénomène cosmique, dans le rayon de quelques kilomètres seulement, à quoi bon des astronomes?

Aussi, ce qu'il y eut de télescopes, de lunettes, de longues-vues, de lorgnettes, de binocles, de monocles, braqués vers le ciel, pendant ces belles nuits de l'été, ce qu'il y eut d'yeux à l'oculaire des instruments de toutes portées et de toutes grosseurs, on ne saurait l'évaluer. Peut-être des centaines de mille, à tout le moins. Dix fois, vingt fois plus qu'on ne compte d'étoiles à l'œil nu sur la sphère céleste. Non! Jamais éclipse, observée simultanément sur tous les points du globe, n'avait été à pareille fête.

Les observatoires répondirent, mais insuffisamment. Chacun donna une opinion, mais différente. De là, guerre intestine dans le monde savant pendant les dernières semaines d'avril et les premières de mai.

L'observatoire de Paris se montra très réservé. Aucune des sections ne se prononça. Dans le service d'astronomie mathématique, on avait dédaigné de regarder; dans celui des opérations méridiennes, on n'avait rien découvert; dans celui des observations physiques, on n'avait rien aperçu; dans celui de la géodésie, on n'avait rien remarqué; dans celui de la météorologie, on n'avait rien entrevu; enfin, dans celui des calculateurs, on n'avait rien vu. Du moins l'aveu était franc. Même franchise à l'observatoire de Montsouris, à la station magnétique du parc Saint-Maur. Même respect de la vérité au Bureau des Longitudes. Décidément, Français veut dire « franc ».

La province fut un peu plus affirmative. Peut-être dans la nuit du 6 au 7 mai avait-il paru une lueur d'origine électrique, dont la durée n'avait pas dépassé vingt secondes. Au Pic-du-Midi, cette lueur s'était montrée entre neuf et dix heures du soir. A l'observatoire météorologique du Puy-de-Dôme, on l'avait saisie entre une heure et deux heures du matin; au Mont Ventoux, en Provence, entre deux et trois heures; à Nice, entre trois et quatre heures; enfin, au Semnoz-Alpes, entre Annecy, le Bourget et le Léman, au moment où l'aube blanchissait le zénith.

Évidemment, il n'y avait pas à rejeter ces observations en bloc. Nul doute que la lueur eût été observée en divers postes — successivement — dans le laps de quelques heures. Donc, ou elle était produite par plusieurs foyers, courant à travers l'atmosphère terrestre, ou, si elle n'était due qu'à un foyer unique, c'est que ce foyer pouvait se mouvoir avec une vitesse qui devait atteindre bien près de deux cents kilomètres à l'heure.

Mais, pendant le jour, avait-on jamais vu quelque chose d'anormal dans l'air?

Jamais.

La trompette, du moins, s'était-elle fait entendre à travers les couches aériennes?

Pas le moindre appel de trompette n'avait retenti entre le lever et le coucher du soleil.

Dans le Royaume-Uni, on fut très perplexe. Les observatoires ne purent se mettre d'accord. Greenwich ne parvint pas à s'entendre avec Oxford, bien que tous deux soutînssent « qu'il n'y avait rien. »

« Illusion d'optique! disait l'un.

— Illusion d'acoustique! » répondait l'autre.

Et là-dessus, ils disputèrent. En tout cas, illusion.

A l'observatoire de Berlin, à celui de Vienne, la discussion menaça d'amener des complications internationales. Mais la Russie, en la personne du directeur de son observatoire de Poulkowa, leur prouva qu'ils avaient raison tous deux; cela dépendait du point de vue auquel ils se mettaient pour déterminer la nature du phénomène, en théorie impossible, possible en pratique.

En Suisse, à l'observatoire de Saütis, dans le canton d'Appenzel, au Righi, au Gäbris, dans les postes du Saint-Gothard, du Saint-Bernard, du Julier, du Simplon, de Zurich, du Somblick dans les Alpes tyroliennes, on fit preuve d'une extrême réserve à propos d'un fait que personne n'avait jamais pu constater — ce qui est fort raisonnable.

Mais, en Italie, aux stations météorologiques du Vésuve, au poste de l'Etna, installé dans l'ancienne Casa Inglese, au Monte Cavo, les observateurs n'hésitèrent pas à admettre la matérialité du phénomène, attendu qu'ils l'avaient pu voir, un jour, sous l'aspect d'une petite volute de vapeur, une nuit, sous l'apparence d'une étoile filante. Ce que c'était, d'ailleurs, ils n'en savaient absolument rien.

En vérité, ce mystère commençait à fatiguer les gens de science, tandis qu'il continuait à passionner, à effrayer même les humbles et les ignorants, qui ont formé, forment et formeront l'immense majorité en ce monde, grâce à l'une des plus sages lois de la nature. Les astronomes et les météorologistes auraient donc renoncé à s'en occuper, si, dans la nuit du 26 au 27, à l'observatoire de Kantokeino, au Finmark, en Norvège, et dans la nuit du 28 au 29, à celui de l'Isfjord, au Spitzberg, les Norvégiens d'une part, les Suédois de l'autre, ne se fussent trouvés d'accord sur ceci : au milieu d'une aurore boréale avait apparu une sorte de gros oiseau, de monstre aérien. S'il n'avait pas été possible d'en déterminer la structure, du moins n'était-il pas douteux qu'il eût projeté hors de lui des corpuscules qui détonnaient comme des bombes.

En Europe, on voulut bien ne pas mettre en doute cette observation des stations du Finmark et du Spitzberg. Mais, ce qui parut le plus phénoménal en tout cela, c'était que des Suédois et des Norvégiens eussent pu se mettre d'accord sur un point quelconque.

On rit de la prétendue découverte dans tous les observatoires de l'Amérique du Sud, au Brésil, au Pérou comme à la Plata, dans ceux de l'Australie, à Sidney, à Adélaïde comme à Melbourne. Et le rire australien est des plus communicatifs.

Bref, un seul chef de station météorologique se montra affirmatif sur cette question, malgré tous les sarcasmes que sa solution pouvait faire naître. Ce fut un Chinois, le directeur de l'observatoire de Zi-Ka-Wey, élevé au milieu d'une vaste plaine, à moins de dix lieues de la mer, avec un horizon immense, baigné d'air pur.

« Il se pourrait, dit-il, que l'objet dont il s'agit fût tout simplement un appareil aviateur, une machine volante! »

Quelle plaisanterie!

Cependant, si les controverses furent vives dans l'Ancien Monde, on imagine ce qu'elles durent être en cette portion du Nouveau, dont les États-Unis occupent le plus vaste territoire.

Un Yankee, on le sait, n'y va pas par quatre chemins. Il n'en prend qu'un, et généralement celui qui conduit droit au but. Aussi les observatoires de la Fédération américaine n'hésitèrent-ils pas à se dire leur fait. S'ils ne se jetèrent pas leurs objectifs à la tête, c'est qu'il aurait fallu les remplacer au moment où l'on avait le plus besoin de s'en servir.

En cette question si controversée, les observatoires de Washington dans le district de Colombia, et celui de Cambridge dans l'État de Duna, tinrent tête à celui de Darmouth-College dans le Connecticut, et à celui d'Aun-Arbor dans le Michigan. Le sujet de leur dispute ne porta pas sur la nature du corps observé, mais sur l'instant précis de l'observation; car tous prétendirent l'avoir aperçu dans la même nuit, à la même heure, à la même minute, à la même seconde, bien que la trajectoire du mystérieux mobile n'occupât qu'une médiocre hauteur au-dessus de l'horizon. Or, du Connecticut au Michigan, du Duna au Colombia, la distance est assez grande pour que cette double observation, faite au même moment, pût être considérée comme impossible.

Dudley, à Albany, dans l'État de New-York, et West-Point, de l'Académie militaire, donnèrent tort à leurs collègues par une note qui chiffrait l'ascension droite et la déclinaison dudit corps.

Mais il fut reconnu plus tard que ces observateurs s'étaient trompés de corps, que celui-ci était un bolide qui n'avait fait que traverser la moyenne couche de l'atmosphère. Donc, ce bolide ne pouvait être l'objet en question. D'ailleurs, comment le susdit bolide aurait-il joué de la trompette?

Quant à cette trompette, on essaya vainement de mettre son éclatante fan-

Ni l'un ni l'autre n'avait été touché. (Page 2.)

fare au rang des illusions d'acoustique. Les oreilles, en cette occurrence, ne se trompaient pas plus que les yeux. On avait certainement vu, on avait certainement entendu. Dans la nuit du 12 au 13 mai, — nuit très sombre, — les observateurs de Yale-College, à l'Ecole scientifique de Sheffield, avaient pu transcrire quelques mesures d'une phrase musicale, en ré majeur, à quatre temps, qui donnait note pour note, rythme pour rythme, le refrain du *Chant du Départ*.

Uncle Prudent planta son aiguille. (Page 19.)

« Bon! répondirent les loustics, c'est un orchestre français qui joue au milieu des couches aériennes! »

Mais plaisanter n'est pas répondre. C'est ce que fit remarquer l'observatoire de Boston, fondé par l'*Atlantic Iron Works Society*, dont les opinions sur les questions d'astronomie et de météorologie commençaient à faire loi dans le monde savant.

Intervint alors l'observatoire de Cincinnati, créé en 1870 sur le mont

Lookout, grâce à la générosité de M. Kilgoor, et si connu pour ses mesures micrométriques des étoiles doubles. Son directeur déclara, avec la plus entière bonne foi, qu'il y avait certainement quelque chose, qu'un mobile quelconque se montrait, dans des temps assez rapprochés, en divers points de l'atmosphère, mais que sur la nature de ce mobile, ses dimensions, sa vitesse, sa trajectoire, il était impossible de se prononcer.

Ce fut alors qu'un journal dont la publicité est immense, le *New-York-Herald*, reçut d'un abonné la communication anonyme qui suit :

« On n'a pas oublié la rivalité qui mit aux prises, il y a quelques années, les deux héritiers de la Begum de Ragginahra, ce docteur français Sarrasin dans sa cité de Franceville, l'ingénieur allemand Herr Schultze, dans sa cité de Stahlstadt, cités situées toutes deux en la partie sud de l'Orégon, aux États-Unis.

« On ne peut avoir oublié davantage que, dans le but de détruire Franceville, Herr Schultze lança un formidable engin qui devait s'abattre sur la ville française et l'anéantir d'un seul coup.

« Encore moins ne peut-on avoir oublié que cet engin, dont la vitesse initiale au sortir de la bouche du canon-monstre avait été mal calculée, fut emporté avec une rapidité supérieure à seize fois celle des projectiles ordinaires, — soit cent cinquante lieues à l'heure, — qu'il n'est plus retombé sur la terrre, et que, passé à l'état de bolide, il circule et doit éternellement circuler autour de notre globe.

« Pourquoi ne serait-ce pas le corps en question dont l'existence ne peut être niée ? »

Fort ingénieux, l'abonné du *New-York-Herald*. Et la trompette ?... Il n'y avait pas de trompette dans le projectile de Herr Schultze !

Donc, toutes ces explications n'expliquaient rien, tous ces observateurs observaient mal.

Restait toujours l'hypothèse proposée par le directeur de Zi-Ka-Wey. Mais l'opinion d'un Chinois !...

Il ne faudrait pas croire que la satiété finît par s'emparer du public de l'Ancien et du Nouveau Monde. Non! les discussions continuèrent de plus belle, sans qu'on parvînt à se mettre d'accord. Et, cependant, il y eut un temps d'arrêt. Quelques jours s'écoulèrent sans que l'objet, bolide ou autre fût signalé, sans que nul bruit de trompette se fît entendre dans les airs. Le corps était-il donc tombé sur un point du globe où il eût été difficile de retrouver sa trace.— en mer, par exemple? Gisait-il dans les profondeurs de l'Atlantique, du Pacifique, de l'Océan Indien? Comment se prononcer à cet égard?

Mais alors, entre le 2 et le 9 juin, une série de faits nouveaux se produisirent, dont l'explication eût été impossible par la seule existence d'un phénomène cosmique.

En huit jours, les Hambourgeois, à la pointe de la Tour Saint-Michel, les Turcs, au plus haut minaret de Sainte-Sophie, les Rouennais, au bout de la flèche métallique de leur cathédrale, les Strasbourgeois, à l'extrémité du Munster, les Américains, sur la tête de leur statue de la Liberté, à l'entrée de l'Hudson, et, au faîte du monument de Washington, à Boston, les Chinois, au sommet du temple des Cinq-Cents-Génies, à Canton, les Indous, au seizième étage de la pyramide du temple de Tanjour, les San-Pietrini, à la croix de Saint-Pierre de Rome, les Anglais, à la croix de Saint-Paul de Londres, les Égyptiens, à l'angle aigu de la Grande Pyramide de Gizèh, les Parisiens, au paratonnerre de la Tour en fer de l'Exposition de 1889, haute de trois cents mètres, purent apercevoir un pavillon qui flottait sur chacun de ces points difficilement accessibles.

Et ce pavillon, c'était une étamine noire, semée d'étoiles, avec un soleil d'or à son centre.

II

DANS LEQUEL LES MEMBRES DU WELDON-INSTITUTE SE DISPUTENT SANS PARVENIR A SE METTRE D'ACCORD.

« Et le premier qui dira le contraire...

— Vraiment!... Mais on le dira, s'il y a lieu de le dire!

— Et en dépit de vos menaces!...

— Prenez garde à vos paroles, Bat Fyn!

— Et aux vôtres, Uncle Prudent!

— Je soutiens que l'hélice ne doit pas être à l'arrière!

— Nous aussi!... Nous aussi!... répondirent cinquante voix, confondues dans un commun accord.

— Non!... Elle doit être à l'avant! s'écria Phil Evans.

— A l'avant! répondirent cinquante autres voix avec une vigueur non moins remarquable.

— Jamais nous ne serons du même avis!

— Jamais!... Jamais!

— Alors à quoi bon disputer?

— Ce n'est pas de la dispute!... C'est de la discussion! »

On ne l'aurait pas cru, à entendre les réparties, les objurgations, les vociférations, qui emplissaient la salle des séances depuis un bon quart d'heure.

Cette salle, il est vrai, était la plus grande du Weldon-Institut, — club célèbre entre tous, établi Walnut-Street, à Philadelphie, État de Pensylvanie, États-Unis d'Amérique.

Or, la veille, dans la cité, à propos de l'élection d'un allumeur de gaz, il y avait eu manifestations publiques, meetings bruyants, coups échangés de part et d'autre. De là, une effervescence qui n'était pas encore calmée, et d'où provenait peut-être cette surexcitation dont les membres du Weldon-Institut venaient de faire preuve. Et, cependant, ce n'était là qu'une simple réunion de « Ballonistes », discutant la question encore palpitante — même à cette époque — de la direction des ballons.

Cela se passait dans une ville des États-Unis, dont le développement rapide fut supérieur même à celui de New-York, de Chicago, de Cincinnati, de San Francisco, — une ville, qui n'est pourtant ni un port, ni un centre minier de houille ou de pétrole, ni une agglomération manufacturière, ni le terminus d'un rayonnement de voies ferrées, — une ville plus grande que Berlin, Manchester, Édimbourg, Liverpool, Vienne, Pétersbourg, Dublin, — une ville qui possède un parc dans lequel tiendraient ensemble les sept parcs de la capitale de l'Angleterre, — une ville, enfin, qui compte actuellement près de douze cent mille âmes et se dit la quatrième ville du monde, après Londres, Paris et New-York.

Philadelphie est presque une cité de marbre avec ses maisons de grand caractère et ses établissements publics qui ne connaissent point de rivaux. Le plus important de tous les collèges du Nouveau-Monde est le collège Girard, et il est à Philadelphie. Le plus large pont de fer du globe est le pont jeté sur la rivière Schuylkill, et il est à Philadelphie. Le plus beau temple de la Franc-Maçonnerie est le Temple Maçonnique, et il est à Philadephie. Enfin, le plus grand club des adeptes de la navigation aérienne est à Philadelphie. Et si l'on veut bien le visiter dans cette soirée du 12 juin, peut-être y trouvera-t-on quelque plaisir.

En cette grande salle s'agitaient, se démenaient, gesticulaient, parlaient, discutaient, disputaient, — tous le chapeau sur la tête, — une centaine de ballonistes, sous la haute autorité d'un président assisté d'un secrétaire et d'un trésorier. Ce n'étaient point des ingénieurs de profession. Non, de simples amateurs de tout ce qui se rapportait à l'aérostatique, mais amateurs enragés et particulièrement ennemis de ceux qui veulent opposer aux aérostats les appareils « plus lourds que l'air », machines volantes, navires aériens ou autres. Que ces braves gens dussent jamais trouver la direction des ballons, c'est possible. En tout cas, leur président avait quelque peine à les diriger eux-mêmes.

Ce président, bien connu à Philadelphie, était le fameux Uncle Prudent, — Prudent, de son nom de famille. Quant au qualificatif Uncle, cela ne saurait surprendre en Amérique, où l'on peut être oncle sans avoir ni neveu ni nièce. On dit Uncle, là-bas, comme, ailleurs, on dit père, de gens qui n'ont jamais fait œuvre de paternité.

Uncle Prudent était un personnage considérable, et, en dépit de son nom, cité pour son audace. Très riche, ce qui ne gâte rien, même aux États-Unis. Et comment ne l'eût-il pas été, puisqu'il possédait une grande partie des actions du Niagara-Falls ? A cette époque, une société d'ingénieurs s'était fondée à Buffalo pour l'exploitation des chutes. Affaire excellente. Les sept mille cinq cents mètres cubes que le Niagara débite par seconde, produisent sept millions de chevaux-vapeur. Cette force énorme, distribuée à toutes les usines établies dans un rayon de cinq cents kilomètres, donnait annuellement une économie de quinze cents millions de francs, dont une part rentrait dans les caisses de la Société et en particulier dans les poches de Uncle Prudent. D'ailleurs, il était garçon, il vivait simplement, n'ayant pour tout personnel domestique que son valet Frycollin, qui ne méritait guère d'être au service d'un maître si audacieux. Il y a de ces anomalies.

Que Uncle Prudent eût des amis, puisqu'il était riche, cela va de soi ; mais il avait aussi des ennemis, puisqu'il était président du club, — entre autres, tous ceux qui enviaient cette situation. Parmi les plus acharnés, il convient de citer le secrétaire du Weldon-Institute.

C'était Phil Evans, très riche aussi, puisqu'il dirigeait la *Walton Watch Company*, importante usine à montres, qui fabrique par jour cinq cents mouvements à la mécanique et livre des produits comparables aux meilleurs de la Suisse. Phil Evans aurait donc pu passer pour un des hommes les plus heureux du monde et même des États-Unis, n'eût été la situation de Uncle Prudent. Comme lui, il était âgé de quarante-cinq ans, comme lui d'une santé à toute épreuve, comme lui d'une audace indiscutable, comme lui peu soucieux de troquer les avantages certains du célibat contre les avantages douteux du mariage. C'étaient deux hommes bien faits pour se comprendre, mais qui ne se comprenaient pas, et tous deux, il faut bien le dire, d'une extrême violence de caractère, l'un à chaud, Uncle Prudent, l'autre à froid, Phil Evans.

Et à quoi tenait que Phil Evans n'eût été nommé président du club ? Les voix s'étaient exactement partagées entre Uncle Prudent et lui. Vingt fois on avait été au scrutin, et vingt fois la majorité n'avait pu se faire ni pour l'un ni pour l'autre. Situation embarrassante, qui aurait pu durer plus que la vie des deux candidats.

Un des membres du club proposa alors un moyen de départager les voix. Ce fut Jem Cip, le trésorier du Weldon-Institute. Jem Cip était un végétarien convaincu, autrement dit, un de ces légumistes, de ces proscripteurs de toute nourriture animale, de toutes liqueurs fermentées, moitié brahmanes, moitié musulmans, un rival des Niewman, des Pitman, des Ward, des Davie, qui ont illustré la secte de ces toqués inoffensifs.

En cette occurrence, Jem Cip fut soutenu par un autre membre du club, William T. Forbes, directeur d'une grande usine, où l'on fabrique de la glucose en traitant les chiffons par l'acide sulfurique — ce qui permet de faire du sucre avec de vieux linges. C'était un homme bien posé, ce William T. Forbes, père de deux charmantes vieilles filles, miss Dorothée, dite Doll, et miss Martha, dite Mat, qui donnaient le ton à la meilleure société de Philadelphie.

Il résulta donc de la proposition de Jem Cip, appuyée par William T. Forbes et quelques autres, que l'on décida de nommer le président du club au « point milieu. »

En vérité, ce mode d'élection pourrait être appliqué en tous les cas où il s'agit d'élire le plus digne, et nombre d'Américains de grand sens songeaient déjà à l'employer pour la nomination du président de la République des États-Unis.

Sur deux tableaux d'une entière blancheur, une ligne noire avait été tracée. La longueur de chacune de ces lignes était mathématiquement la même, car on l'avait déterminée avec autant d'exactitude que s'il se fût agi de la base du

La troisième ascension terminée par une chute effroyable. (Page 22.)

premier triangle dans un travail de triangulation. Cela fait, les deux tableaux étant exposés dans le même jour au milieu de la salle des séances, les deux concurrents s'armèrent chacun d'une fine aiguille et marchèrent simultanément vers le tableau qui lui était dévolu. Celui des deux rivaux qui planterait son aiguille le plus près du milieu de la ligne, serait proclamé président du Weldon-Institute.

Cela va sans dire, l'opération devait se faire d'un coup, sans repères, sans

La question des ballons.

tâtonnements, rien que par la sûreté du regard. Avoir le compas dans l'œil, suivant l'expression populaire, tout était là.

Uncle Prudent planta son aiguille, en même temps que Phil Evans plantait la sienne. Puis, on mesura afin de décider lequel des deux concurrents s'était le plus approché du point milieu.

O prodige ! Telle avait été la précision des opérateurs que les mesures ne donnèrent pas de différence appréciable. Si ce n'était pas exactement le milieu mathématique de la ligne, il n'y avait qu'un écart insensible entre les deux aiguilles et qui semblait être le même pour toutes deux.

De là, grand embarras de l'assemblée.

Heureusement, un des membres, Truk Milnor, insista pour que les mesures fussent refaites au moyen d'une règle graduée par les procédés de la machine micrométrique de M. Perreaux, qui permet de diviser le millimètre en quinze cents parties. Cette règle, donnant des quinze-centièmes de millimètre tracés avec un éclat de diamant, servit à reprendre les mesures, et, après avoir lu les divisions au moyen d'un microscope, on obtint les résultats suivants :

Uncle Prudent s'était approché du point milieu à moins de six quinze-centièmes de millimètre, Phil Evans, à moins de neuf quinze-centièmes.

Et voilà comment Phil Evans ne fut que le secrétaire du Weldon-Institute, tandis que Uncle Prudent était proclamé président du club.

Un écart de trois quinze-centièmes de millimètres, il n'en fallut pas davantage pour que Phil Evans vouât à Uncle Prudent une de ces haines qui, pour être latentes, n'en sont pas moins féroces.

A cette époque, depuis les expériences entreprises dans le dernier quart de ce dix-neuvième siècle, la question des ballons dirigeables n'était pas sans avoir fait quelques progrès. Les nacelles munies d'hélices propulsives, accrochées en 1852 aux aérostats de forme allongée d'Henry Giffard, en 1872, de Dupuy de Lôme, en 1883, de MM. Tissandier frères, en 1884, des capitaines Krebs et Renard, avaient donné certains résultats dont il convient de tenir compte. Mais si ces machines, plongées dans un milieu plus lourd qu'elles, manœuvrant sous la poussée d'une hélice, biaisant avec la ligne du vent, remontant même une brise contraire pour revenir à leur point de départ, s'étaient ainsi réellement « dirigées, » elles n'avaient pu y réussir que grâce à des circonstances extrêmement favorables. En de vastes halls clos et couverts, parfait! Dans une atmosphère calme, très bien! Par un léger vent de cinq à six mètres à la seconde, passe encore! Mais, en somme, rien de pratique n'avait été obtenu. Contre un vent de moulin, — huit mètres à la seconde, — ces machines seraient restées à peu près stationnaires; contre une brise fraîche, — dix mètres à la seconde, — elles auraient marché en arrière; contre une tempête, — vingt-cinq à trente mètres à la seconde, — elles auraient été emportées comme une plume; au milieu d'un ouragan, — quarante-cinq mètres à la seconde, — elles eussent peut-être couru le risque d'être mises en pièces; enfin, avec un de ces cyclones qui dépassent cent mètres à la seconde, on n'en aurait pas retrouvé un morceau.

Il était donc constant que, même après les expériences retentissantes des capitaines Krebs et Renard, si les aérostats dirigeables avaient gagné un peu de vitesse, c'était juste ce qu'il fallait pour se maintenir contre une simple brise. D'où l'impossibilité d'user pratiquement jusqu'alors de ce mode de locomotion aérienne.

Quoi qu'il en soit, à côté de ce problème de la direction des aérostats, c'est-à-dire, des moyens employés pour leur donner une vitesse propre, la question des moteurs avait fait des progrès incomparablement plus rapides. Aux machines à vapeur d'Henri Giffard, à l'emploi de la force musculaire de Dupuy de Lôme, s'étaient peu à peu substitués les moteurs électriques. Les batteries au bichromate de potasse, formant des éléments montés en tension, de MM. Tissandier frères, donnèrent une vitesse de quatre mètres à la seconde. Les machines dynamo-électriques des capitaines Krebs et Renard, développant une force de douze chevaux, imprimèrent une vitesse de six mètres cinquante, en moyenne.

Et alors, dans cette voie du moteur, ingénieurs et électriciens avaient cherché à s'approcher de plus en plus de ce desideratum qu'on a pu appeler « un cheval-vapeur dans un boîtier de montre ». Aussi, peu à peu, les effets de la pile, dont les capitaines Krebs et Renard avaient gardé le secret, étaient-ils dépassés, et, après eux, les aéronautes avaient pu utiliser des moteurs, dont la légèreté s'accroissait en même temps que la puissance.

Il y avait donc là de quoi encourager les adeptes qui croyaient à l'utilisation des ballons dirigeables. Et cependant, combien de bons esprits se refusaient à admettre cette utilisation ! En effet, si l'aérostat rencontre un point d'appui sur l'air, il appartient à ce milieu dans lequel il plonge tout entier. En de telles conditions, comment sa masse, qui donne tant de prise aux courants de l'atmosphère, pourrait-elle tenir tête à des vents moyens, si puissant que fût son propulseur ?

C'était toujours la question ; mais on espérait la résoudre en employant des appareils de grande dimension.

Or, il se trouvait que, dans cette lutte des inventeurs à la recherche d'un moteur puissant et léger, les Américains s'étaient le plus rapprochés du fameux desideratum. Un appareil dynamo-électrique, basé sur l'emploi d'une pile nouvelle, dont la composition était encore un mystère, avait été acheté à son inventeur, un chimiste de Boston jusqu'alors inconnu. Des calculs faits avec le plus grand soin, des diagrammes relevés avec la dernière exactitude, démontraient qu'avec cet appareil, actionnant une hélice de dimension convenable, on pourrait obtenir des déplacements de dix-huit à vingt mètres à la seconde.

En vérité, c'eût été magnifique !

« Et ce n'est pas cher ! » avait ajouté Uncle Prudent, en remettant à l'inventeur, contre son reçu en bonne et due forme, le dernier paquet des cent mille dollars-papier, dont on lui payait son invention.

Immédiatement, le Weldon-Institute s'était mis à l'œuvre. Quand il s'agit d'une expérience qui peut avoir quelque utilité pratique, l'argent sort volontiers des poches américaines. Les fonds affluèrent, sans qu'il fût même nécessaire de constituer une société par actions. Trois cent mille dollars, — ce qui fait la somme de quinze cent mille francs, — vinrent au premier appel s'entasser dans les caisses du club. Les travaux commencèrent sous la direction du plus célèbre aéronaute des États-Unis, Harry W. Tinder, immortalisé par trois de ses ascensions entre mille : l'une, pendant laquelle il s'était élevé à douze mille mètres, plus haut que Gay-Lussac, Coxwell, Sivel, Crocé-Spinelli, Tissandier, Glaisher; l'autre, pendant laquelle il avait traversé toute l'Amérique de New-York à San-Francisco, dépassant de plusieurs centaines de lieues les itinéraires des Nadar, des Godard et de tant d'autres, sans compter ce John Wise qui avait fait onze cent cinquante milles de Saint-Louis au comté de Jefferson; la troisième, enfin, qui s'était terminée par une chute effroyable de quinze cents pieds, au prix d'une simple foulure du poignet droit, tandis que Pilâtre de Rozier, moins heureux, pour n'être tombé que de sept cents pieds, s'était tué sur le coup.

Au moment où commence cette histoire, on pouvait déjà juger que le Weldon-Institute avait mené rondement les choses. Dans les chantiers Turner, à Philadelphie, s'allongeait un énorme aérostat, dont la solidité allait être éprouvée en y comprimant de l'air sous une forte pression. Celui-là entre tous méritait bien le nom de ballon-monstre.

En effet, que jaugeait le *Géant* de Nadar? Six mille mètres cubes. Que jaugeait le ballon de John Wise? Vingt mille mètres cubes. Que jaugeait le ballon Giffard, de l'Exposition de 1878? Vingt-cinq mille mètres cubes, avec dix-huit mètres de rayon. Comparez ces trois aérostats à la machine aérienne du Weldon-Institute, dont le volume se chiffrait par quarante mille mètres cubes, et vous comprendrez que Uncle Prudent et ses collègues eussent quelque droit à se gonfler d'orgueil.

Ce ballon, n'étant pas destiné à explorer les plus hautes couches de l'atmosphère, ne se nommait pas *Excelsior*, qualificatif qui est un peu trop en honneur chez les citoyens d'Amérique. Non! Il se nommait simplement le *Go a head*, — ce qui veut dire : « En avant, » — et il ne lui restait plus qu'à justifier son nom en obéissant à toutes les manœuvres de son capitaine.

A cette époque, la machine dynamo-électrique était presque entièrement terminée d'après le système du brevet acquis par le Weldon-Institute. On pouvait compter qu'avant six semaines, le *Go a head* aurait pris son vol à travers l'espace.

On l'a vu, cependant, toutes les difficultés de mécanique n'étaient pas encore tranchées. Bien des séances avaient été consacrées à discuter, non la forme de l'hélice ni ses dimensions, mais la question de savoir si elle serait placée à l'arrière de l'appareil, comme l'avaient fait les frères Tissandier, ou à l'avant, comme l'avaient fait les capitaines Krebs et Renard. Inutile d'ajouter que, dans cette discussion, les partisans des deux systèmes en étaient même venus aux mains. Le groupe des « Avantistes » égala en nombre le groupe des «Arriéristes ». Uncle Prudent, dont la voix aurait dû être prépondérante en cas de partage, Uncle Prudent, élevé sans doute à l'école du professeur Buridan, n'était pas parvenu à se prononcer.

Donc, impossibilité de s'entendre, impossibilité de mettre l'hélice en place. Cela pouvait durer longtemps, à moins que le gouvernement n'intervînt. Mais, aux États-Unis, on le sait, le gouvernement n'aime point à s'immiscer dans les affaires privées, ni à se mêler de ce qui ne le regarde pas. En quoi il a raison.

Les choses en étaient là, et cette séance du 13 juin menaçait de ne pas finir ou plutôt de finir au milieu du plus épouvantable tumulte, — injures échangées, coups de poing succédant aux injures, coups de canne succédant aux coups de poing, coups de revolver succédant aux coups de canne, — quand, à huit heures trente-sept, il se fit une diversion.

L'huissier du Weldon-Institute, froidement et tranquillement, comme un policeman au milieu des orages d'un meeting, s'était approché du bureau du président. Il lui avait remis une carte. Il attendait les ordres qu'il conviendrait à Uncle Prudent de lui donner.

Uncle Prudent fit résonner la trompe à vapeur qui lui servait de sonnette présidentielle, car même la cloche du Kremlin, ne lui aurait pas suffi!... Mais le tumulte ne cessa de s'accroître. Alors le président « se découvrit », et un demi-silence fut obtenu, grâce à ce moyen extrême.

« Une communication! dit Uncle Prudent, après avoir puisé une énorme prise dans la tabatière qui ne le quittait jamais.

— Parlez! parlez! répondirent quatre-vingt-dix-neuf voix, — par hasard, d'accord sur ce point.

— Un étranger, mes chers collègues, demande à être introduit dans la salle de nos séances.

« Je me nomme Robur. » (Page 26.)

— Jamais ! répliquèrent toutes les voix.

— Il désire nous prouver, paraît-il, reprit Uncle Prudent, que de croire à la direction des ballons, c'est croire à la plus absurde des utopies. »

Un grognement accueillit cette déclaration.

« Qu'il entre!... Qu'il entre !

— Comment se nomme ce singulier personnage ? demanda le secrétaire Phil Evans.

« Vous n'êtes pas des Américains.... » (Page 34.)

— Robur, répondit Uncle Prudent.

— Robur!... Robur!... Robur! » hurla toute l'assemblée.

Et, si l'accord s'était si rapidement fait sur ce nom singulier, c'est que le Weldon-Institute espérait bien décharger sur celui qui le portait le trop plein de son exaspération.

La tempête s'était donc un instant apaisée, — en apparence du moins. D'ailleurs comment une tempête pourrait-elle se calmer chez un peuple qui en expédie deux ou trois par mois à destination de l'Europe, sous forme de bourrasques?

III

DANS LEQUEL UN NOUVEAU PERSONNAGE N'A PAS BESOIN D'ÊTRE PRÉSENTÉ, CAR IL SE PRÉSENTE LUI-MÊME.

« Citoyens des États-Unis d'Amérique, je me nomme Robur. Je suis digne de ce nom. J'ai quarante ans, bien que je paraisse n'en pas avoir trente, une constitution de fer, une santé à toute épreuve, une remarquable force musculaire, un estomac qui passerait pour excellent même dans le monde des autruches. Voilà pour le physique. »

On l'écoutait. Oui! Les bruyants furent tout d'abord interloqués par l'inattendu de ce discours *pro facie suâ*. Était-ce un fou ou un mystificateur, ce personnage? Quoi qu'il en soit, il imposait et s'imposait. Plus un souffle au milieu de cette assemblée, dans laquelle se déchaînait naguère l'ouragan. Le calme après la houle.

Au surplus, Robur paraissait bien être l'homme qu'il disait être. Une taille moyenne, avec une carrure géométrique, — ce que serait un trapèze régulier, dont le plus grand des côtés parallèles était formé par la ligne des épaules. Sur cette ligne, rattachée par un cou robuste, une énorme tête sphéroïdale. A quelle tête d'animal eût-elle ressemblé pour donner raison aux théories de l'Analogie passionnelle? A celle d'un taureau, mais un taureau à face intelligente. Des yeux que la moindre contrariété devait porter à l'incandescence, et, au-dessus, une contraction permanente du muscle sourcilier, signe d'extrême énergie. Des cheveux courts, un peu crépus, à reflet métallique, comme eût été un toupet en paille de fer. Large poitrine qui s'élevait ou s'abaissait avec des mouvements de soufflet de forge. Des bras, des mains, des jambes, des pieds dignes du tronc.

Pas de moustaches, pas de favoris, une large barbiche de marin, à l'américaine, — ce qui laissait voir les attaches de la mâchoire, dont les muscles masseters devaient posséder une puissance formidable. On a calculé — que ne calcule-t-on pas? — que la pression d'une mâchoire de crocodile ordinaire peut atteindre quatre cents atmosphères, quand celle du chien de chasse de grande taille n'en développe que cent. On a même déduit cette curieuse formule : si un kilogramme de chien produit huit kilogrammes de force massetérienne, un kilogramme de crocodile en produit douze. Eh bien, un kilogramme dudit Robur devait en produire au moins dix. Il était donc entre le chien et le crocodile.

De quel pays venait ce remarquable type? c'eût été difficile à dire. En tout cas, il s'exprimait couramment en anglais, sans cet accent un peu traînard qui distingue les Yankees de la Nouvelle-Angleterre.

Il continua de la sorte :

« Voici présentement pour le moral, honorables citoyens. Vous voyez devant vous un ingénieur, dont le moral n'est point inférieur au physique. Je n'ai peur de rien ni de personne. J'ai une force de volonté qui n'a jamais cédé devant une autre. Quand je me suis fixé un but, l'Amérique toute entière, le monde tout entier, se coaliseraient en vain pour m'empêcher de l'atteindre. Quand j'ai une idée, j'entends qu'on la partage et ne supporte pas la contradiction. J'insiste sur ces détails, honorables citoyens, parce qu'il faut que vous me connaissiez à fond. Peut-être trouverez-vous que je parle trop de moi? Peu importe! Et maintenant, réfléchissez avant de m'interrompre, car je suis venu pour vous dire des choses qui n'auront peut-être pas le don de vous plaire. »

Un bruit de ressac commença à se propager le long des premiers bancs du hall, — signe que la mer ne tarderait pas à devenir houleuse.

« Parlez, honorable étranger, » se contenta de répondre Uncle Prudent, qui ne se contenait pas sans peine.

Et Robur parla comme devant, sans plus de souci de ses auditeurs.

« Oui ! Je sais ! Après un siècle d'expériences qui n'ont point abouti, de tentatives qui n'ont donné aucun résultat, il y a encore des esprits mal équilibrés qui s'entêtent à croire à la direction des ballons. Ils s'imaginent qu'un moteur quelconque, électrique ou autre, peut être appliqué à leurs prétentieuses baudruches, qui offrent tant de prise aux courants atmosphériques. Ils se figurent qu'ils seront maîtres d'un aérostat comme on est maître d'un navire à la surface des mers. Parce que quelques inventeurs, par des temps calmes, ou à peu près, ont réussi, soit à biaiser avec le vent, soit à remonter une légère brise, la direction des appareils aériens plus légers que l'air deviendrait pratique ? Allons donc ! Vous êtes ici une centaine qui croyez à la réalisation de vos rêves, qui jetez, non dans l'eau, mais dans l'espace, des milliers de dollars. Eh bien, c'est vouloir lutter contre l'impossible ! »

Chose assez singulière, devant cette affirmation, les membres du Weldon-Institute ne bougèrent pas. Étaient-ils devenus aussi sourds que patients ? Se réservaient-ils, désireux de voir jusqu'où cet audacieux contradicteur oserait aller ?

Robur continua :

« Quoi, un ballon !... quand pour obtenir un allègement d'un kilogramme, il faut un mètre cube de gaz ! Un ballon, qui a cette prétention de résister au vent à l'aide de son mécanisme, quand la poussée d'une grande brise sur la voile d'un vaisseau n'est pas inférieure à la force de quatre cents chevaux, quand on a vu dans l'accident du pont de la Tay l'ouragan exercer une pression de quatre cent quarante kilogrammes par mètre carré ! Un ballon, quand jamais la nature n'a construit sur ce système aucun être volant, qu'il soit muni d'ailes comme les oiseaux, ou de membranes comme certains poissons et certains mammifères...

— Des mammifères ?... s'écria un des membres du club.

— Oui ! la chauve-souris, qui vole, si je ne me trompe ! Est-ce que l'interrupteur ignore que ce volatile est un mammifère, et a-t-il jamais vu faire une omelette avec des œufs de chauve-souris ? »

Là-dessus, l'interrupteur rengaîna ses interruptions futures, et Robur continua avec le même entrain :

« Mais est-ce à dire que l'homme doive renoncer à la conquête de l'air, à transformer les mœurs civiles et politiques du vieux monde, en utilisant cet admirable milieu de locomotion? Non pas! Et, de même qu'il est devenu maître des mers, avec le bâtiment, par l'aviron, par la voile, par la roue ou par l'hélice, de même il deviendra maître de l'espace atmosphérique par les appareils plus lourds que l'air, car il faut être plus lourd que lui pour être plus fort que lui. »

Cette fois, l'assemblée partit. Quelle bordée de cris s'échappa de toutes ces bouches, braquées sur Robur, comme autant de bouts de fusils ou de gueules de canons! N'était-ce pas répondre à une véritable déclaration de guerre jetée au camp des ballonistes? N'était-ce pas la lutte qui allait reprendre entre le « Plus léger » et le « Plus lourd que l'air? »

Robur ne sourcilla pas. Les bras croisés sur la poitrine, il attendait bravement que le silence se fît.

Uncle Prudent, d'un geste, ordonna de cesser le feu.

« Oui, reprit Robur. L'avenir est aux machines volantes. L'air est un point d'appui solide. Qu'on imprime à une colonne de ce fluide un mouvement ascensionnel de quarante-cinq mètres à la seconde, et un homme pourra se maintenir à sa partie supérieure, si les semelles de ses souliers mesurent en superficie un huitième de mètre carré seulement. Et, si la vitesse de la colonne est portée à quatre-vingt-dix mètres, il pourra y marcher à pieds nus. Or, en faisant fuir, sous les branches d'une hélice, une masse d'air avec cette rapidité, on obtient le même résultat. »

Ce que Robur disait là, c'était ce qu'avaient dit avant lui tous les partisans de l'aviation, dont les travaux devaient, lentement mais sûrement, conduire à la solution du problème. A MM. de Ponton d'Amécourt, de La Landelle, Nadar, de Luzy, de Louvrié, Liais, Béléguic, Moreau, aux frères Richard, à Babinet, Jobert, du Temple, Salives, Penaud, de Villeneuve, Gauchot et Tatin, Michel Loup, Edison, Planavergne, à tant d'autres enfin, l'honneur d'avoir répandu ces idées si simples! Abandonnées et reprises plusieurs fois, elles ne pouvaient manquer de triompher un jour. Aux ennemis de l'aviation, qui prétendaient que l'oiseau ne se soutient que parce qu'il échauffe l'air dont il se gonfle, leur réponse s'était-elle donc fait attendre? N'avaient-ils pas prouvé qu'un aigle, pesant cinq kilogrammes, aurait dû s'emplir de cinquante mètres cubes de ce fluide chaud, rien que pour se soutenir dans l'espace?

C'est ce que Robur démontra avec une indéniable logique, au milieu du brouhaha qui s'élevait de toutes parts. Et, comme conclusion, voici les phrases qu'il jeta à la face de ces ballonistes :

« Avec vos aérostats, vous ne pouvez rien, vous n'arriverez à rien, vous n'oserez rien! Le plus intrépide de vos aéronautes, John Wise, bien qu'il ait déjà fait une traversée aérienne de douze cents milles au-dessus du continent américain, a dû renoncer à son projet de traverser l'Atlantique! Et, depuis, vous n'avez pas avancé d'un pas, d'un seul, dans cette voie!

— Monsieur, dit alors le président, qui s'efforçait vainement d'être calme, vous oubliez ce qu'a dit notre immortel Franklin, lors de l'apparition de la première montgolfière, au moment où le ballon allait naître : « Ce n'est qu'un enfant, mais il grandira! » Et il a grandi...

— Non, président, non! Il n'a pas grandi!... Il a grossi seulement... ce qui n'est pas la même chose! »

C'était une attaque directe aux projets du Weldon-Institute, qui avait décrété, soutenu, subventionné, la confection d'un aérostat-monstre. Aussi des propositions de ce genre, et peu rassurantes, se croisèrent-elles bientôt dans la salle :

« A bas l'intrus!

— Jetez-le hors de la tribune!...

— Pour lui prouver qu'il est plus lourd que l'air! »

Et bien d'autres.

Mais on n'en était qu'aux paroles, non aux voies de fait. Robur, impassible, put donc encore s'écrier :

« Le progrès n'est point aux aérostats, citoyens ballonistes, il est aux appareils volants. L'oiseau vole, et ce n'est point un ballon, c'est une mécanique!...

— Oui! il vole, s'écria le bouillant Bat T. Fyn, mais il vole contre toutes les règles de la mécanique! »

— Vraiment! » répondit Robur en haussant les épaules.

Puis il reprit :

« Depuis qu'on a étudié le vol des grands et des petits volateurs, cette idée si simple a prévalu : c'est qu'il n'y a qu'à imiter la nature, car elle ne se trompe jamais. Entre l'albatros qui donne à peine dix coups d'aile par minute, entre le pélican qui en donne soixante-dix....

— Soixante et onze! dit une voix narquoise.

— Et l'abeille qui en donne cent quatre-vingt-douze par seconde....

— Cent quatre-vingt-treize!... s'écria-t-on par moquerie.

— Et la mouche commune qui en donne trois cent trente....

— Trois cent trente et demi!

— Et le moustique qui en donne des millions....

— Non!... des milliards! »

Mais Robur, l'interrompu, n'interrompit pas sa démonstration.

« Entre ces divers écarts... reprit-il.

— Il y a le grand! répliqua une voix.

— ... il y a la possibilité de trouver une solution pratique. Le jour où M. de Lucy a pu constater que le cerf-volant, cet insecte qui ne pèse que deux grammes, pouvait enlever un poids de quatre cents grammes, soit deux cents fois ce qu'il pèse, le problème de l'aviation était résolu. En outre, il était démontré que la surface de l'aile décroît relativement à mesure qu'augmentent la dimension et le poids de l'animal. Dès lors, on est arrivé à imaginer ou construire plus de soixante appareils....

— Qui n'ont jamais pu voler! s'écria le secrétaire Phil Evans.

— Qui ont volé ou qui voleront, répondit Robur, sans se déconcerter. Et, soit qu'on les appelle des stréophores, des hélicoptères, des orthoptères, ou, à l'imitation du mot « nef » qui vient de *navis*, qu'on les fasse venir de *avis* pour les nommer des « efs... » on arrive à l'appareil dont la création doit rendre l'homme maître de l'espace.

— Ah! l'hélice! répartit Phil Evans. Mais l'oiseau n'a pas d'hélice... que nous sachions!

— Si, répondit Robur. Comme l'a démontré M. Penaud, en réalité l'oiseau se fait hélice, et son vol est hélicoptère. Aussi, le moteur de l'avenir est-il l'hélice...

— « D'un pareil maléfice,
Sainte-Hélice, préservez-nous!... »

chantonna un des assistants qui, par hasard, avait retenu ce motif du *Zampa* d'Hérold.

Et tous de reprendre ce refrain en chœur, avec des intonations à faire frémir le compositeur français dans sa tombe.

Puis, lorsque les dernières notes se furent noyées dans un épouvantable charivari, Uncle Prudent, profitant d'une accalmie momentanée, crut devoir dire:

« Citoyen étranger, jusqu'ici on vous a laissé parler sans vous interrompre... »

Il paraît que, pour le président du Weldon-Institute, ces réparties, ces cris, ces coq-à-l'âne, n'étaient même pas des interruptions, mais un simple échange d'arguments.

« Toutefois, continua-t-il, je vous rappellerai que la théorie de l'aviation est condamnée d'avance et repoussée par la plupart des ingénieurs américains ou étrangers. Un système qui a dans son passif la mort du Sarrasin Volant, à Constantinople, celle du moine Voador, à Lisbonne, celle de Letur en 1852, celle de Groof en 1864, sans compter les victimes que j'oublie, ne fût-ce que le mythologique Icare...

— Ce système, riposta Robur, n'est pas plus condamnable que celui dont le martyrologe contient les noms de Pilâtre de Rozier, à Calais, de Mme Blanchard, à Paris, de Donaldson et Grimwood, tombés dans le lac Michigan, de Sivel et de Crocé-Spinelli, d'Eloy et de tant d'autres que l'on se gardera bien d'oublier! »

C'était une riposte « du tac au tac, » comme on dit en escrime.

« D'ailleurs, reprit Robur, avec vos ballons, si perfectionnés qu'ils soient, vous ne pourriez jamais obtenir une vitesse véritablement pratique. Vous mettriez dix ans à faire le tour du monde — ce qu'une machine volante pourra faire en huit jours! »

UN NOUVEAU PERSONNAGE.

Nouveaux cris de protestation et de dénégation qui durèrent trois grandes minutes, jusqu'au moment où Phil Evans put prendre la parole

« Monsieur l'aviateur, dit-il, vous qui venez nous vanter les bienfaits de l'aviation, avez-vous jamais « avié? »

— Parfaitement!

— Et fait la conquête de l'air?

— Peut-être, monsieur!

— Hurrah pour Robur-le-Conquérant! s'écria une voix ironique.

— Eh bien, oui! Robur-le-Conquérant, et ce nom, je l'accepte, et je le porterai, car j'y ai droit!

— Nous nous permettrons d'en douter! s'écria Jem Cip.

— Messieurs, reprit Robur, dont les sourcils se froncèrent, quand je viens sérieusement discuter une chose sérieuse, je n'admets pas qu'on me réponde par des démentis, et je serais heureux de connaître le nom de l'interrupteur...

— Je me nomme Jem Cip... et suis légumiste...

— Citoyen Jem Cip, répondit Robur, je savais que les légumistes ont généralement les intestins plus longs que ceux des autres hommes — d'un bon pied au moins. C'est déjà beaucoup... et ne m'obligez pas à vous les allonger encore en commençant par vos oreilles...

— A la porte!

— A la rue!

— Qu'on le démembre!

— La loi de Lynch!

— Qu'on le torde en hélice!... »

La fureur des ballonistes était arrivée à son comble. Ils venaient de se lever. Ils entouraient la tribune. Robur disparaissait au milieu d'une gerbe de bras qui s'agitaient comme au souffle de la tempête. En vain la trompe à vapeur lançait-elle des volées de fanfares sur l'assemblée! Ce soir-là, Philadelphie dut croire que le feu dévorait un de ses quartiers et que toute l'eau de la Schuylkill-river ne suffirait pas à l'éteindre.

Soudain, un mouvement de recul se produisit dans le tumulte. Robur, après avoir retiré ses mains de ses poches, les tendait vers les premiers rangs de ces acharnés.

A ces deux mains étaient passés deux de ces coups de poing à l'américaine, qui forment en même temps revolvers, et que la pression des doigts suffit à faire partir, — de petites mitrailleuses de poche.

Et alors, profitant non seulement du recul des assaillants, mais aussi du silence qui avait accompagné ce recul :

« Décidément, dit-il, ce n'est pas Améric Vespuce qui a découvert le Nouveau Monde, c'est Sébastien Cabot ! Vous n'êtes pas des Américains, citoyens ballonistes ! Vous n'êtes que des cabo... »

A ce moment, quatre ou cinq coups de feu éclatèrent, tirés dans le vide. Ils ne blessèrent personne. Au milieu de la fumée, l'ingénieur disparut, et, quand elle se fut dissipée, on ne retrouva plus sa trace. Robur-le-Conquérant s'était envolé, comme si quelque appareil d'aviation l'eût emporté dans les airs.

IV

DANS LEQUEL, A PROPOS DU VALET FRYCOLLIN, L'AUTEUR ESSAYE DE RÉHABILITER LA LUNE.

Certes, et plus d'une fois déjà, à la suite de discussions orageuses, au sortir de leurs séances, les membres du Weldon-Institute avaient rempli de clameurs Walnut-street et les rues adjacentes. Plus d'une fois, les habitants de ce quartier s'étaient justement plaints de ces bruyantes queues de discussions qui les troublaient jusque dans leurs domiciles. Plus d'une fois, enfin, les policemen avaient dû intervenir pour assurer la circulation des passants, la plupart très indifférents à cette question de la navigation aérienne. Mais, avant cette soirée, jamais ce tumulte n'avait pris de telles proportions, jamais les plaintes n'eussent été plus fondées, jamais l'intervention des policemen plus nécessaire.

Toutefois les membres du Weldon-Institute étaient quelque peu excusables. On n'avait pas craint de venir les attaquer jusque chez eux. A ces enragés du « Plus léger que l'air » un non moins enragé du « Plus lourd » avait dit des choses absolument désagréables. Puis, au moment où on allait le traiter comme il le méritait, il s'était éclipsé.

Or, cela criait vengeance. Pour laisser de telles injures impunies, il ne faudrait pas avoir du sang américain dans les veines! Des fils d'Améric traités de fils de Cabot! N'était-ce pas une insulte, d'autant plus impardonnable qu'elle tombait juste, — historiquement?

Les membres du club se jetèrent donc par groupes divers dans Walnut-street, puis au milieu des rues voisines, puis à travers tout le quartier. Ils réveillèrent les habitants. Ils les obligèrent à laisser fouiller leurs maisons, quitte à les indemniser, plus tard, du tort fait à la vie privée de chacun, laquelle est particulièrement respectée chez les peuples d'origine anglo-saxonne. Vain déploiement de tracasseries et de recherches. Robur ne fut aperçu nulle part. Aucune trace de lui. Il serait parti dans le *Go a head*, le ballon du Weldon-Institute, qu'il n'aurait pas été plus introuvable. Après une heure de perquisitions, il fallut y renoncer, et les collègues se séparèrent, non sans s'être juré d'étendre leurs recherches à tout le territoire de cette double Amérique qui forme le Nouveau Continent.

Vers onze heures, le calme était à peu près rétabli dans le quartier. Philadelphie allait pouvoir se replonger dans ce bon sommeil, dont les cités, qui ont le bonheur de n'être point industrielles, ont l'enviable privilège. Les divers membres du club ne songèrent plus qu'à regagner chacun son chez soi. Pour n'en nommer que quelques-uns des plus marquants, William T. Forbes se dirigea du côté de sa grande chiffonnière à sucre, où mis Doll et miss Mat lui avaient préparé le thé du soir, sucré avec sa propre glucose, Truk Milnor prit le chemin de sa fabrique, dont la pompe à feu haletait jour et nuit dans le plus reculé des faubourgs. Le trésorier Jem Cip publiquement accusé d'avoir un pied de plus d'intestins que n'en comporte la ma-

Tous trois au centre d'une haute futaie. . (Page 40.)

chine humaine, regagna la salle à manger où l'attendait son souper végétal.

Deux des plus importants ballonistes — deux seulement — ne paraissaient pas songer à réintégrer de sitôt leur domicile. Ils avaient profité de l'occasion pour causer avec plus d'acrimonie encore. C'étaient les irréconciliables Uncle Prudent et Phil Evans, le président et le secrétaire du Weldon-Institut.

A la porte du club, le valet Frycollin attendait Uncle Prudent, son maître,

Ils furent emportés à travers la clairière. (Page 41.)

Il se mit à le suivre, sans s'inquiéter du sujet qui mettait aux prises les deux collègues.

C'est par euphémisme que le verbe « causer » a été employé pour exprimer l'acte auquel se livraient de concert le président et le secrétaire du club. En réalité, ils se disputaient avec une énergie qui prenait son origine dans leur ancienne rivalité.

« Non, monsieur, non! répétait Phil Evans. Si j'avais eu l'honneur de présider le Weldon-Institute, jamais, non, jamais il ne se serait produit un tel scandale !

— Et qu'auriez-vous fait, si vous aviez eu cet honneur? demanda Uncle Prudent.

— J'aurais coupé la parole à cet insulteur public, avant même qu'il eût ouvert la bouche !

— Il me semble que pour couper la parole, il faut au moins avoir laissé parler !

— Pas en Amérique, monsieur, pas en Amérique ! »

Et, tout en se renvoyant des réparties plus aigres que douces, ces deux personnages enfilaient des rues qui les éloignaient de plus en plus de leur demeure ; ils traversaient des quartiers dont la situation les obligerait à faire un long détour.

Frycollin suivait toujours; mais il ne se sentait pas rassuré à voir son maître s'engager au milieu d'endroits déjà déserts. Il n'aimait pas ces endroits-là, le valet Frycollin, surtout un peu avant minuit. En effet, l'obscurité était profonde, et la lune, dans son croissant, commençait à peine « à faire ses vingt-huit jours. »

Frycollin regardait donc à droite, à gauche, si des ombres suspectes ne les épiaient point. Et précisément, il crut voir cinq ou six grands diables qui semblaient ne pas les perdre de vue.

Instinctivement, Frycollin se rapprocha de son maître; mais, pour rien au monde, il n'eût osé l'interrompre au milieu d'une conversation dont il aurait reçu quelques éclaboussures.

En somme, le hasard fit que le président et le secrétaire du Weldon-Institute, sans s'en douter, se dirigeaient vers Fairmont-Park. Là, au plus fort de leur dispute, ils traversèrent la Schuylkill-river sur le fameux pont métallique ; ils ne rencontrèrent que quelques passants attardés, et se trouvèrent enfin au milieu de vastes terrains, les uns se développant en immenses prairies, les autres ombragés de beaux arbres, qui font de ce parc un domaine unique au monde.

Là, les terreurs du valet Frycollin l'assaillirent de plus belle, et, avec d'autant plus de raison que les cinq ou six ombres s'étaient glissées à sa suite par le pont de la Schuylkill-river. Aussi avait-il la pupille de ses yeux si largement dilatée qu'elle s'agrandissait jusqu'à la circonférence de l'iris. Et, en même temps, tout son corps s'amoindrissait, se retirait, comme s'il eût été doué de cette contractilité spéciale aux mollusques et à certains animaux articulés.

C'est que le valet Frycollin était un parfait poltron.

Un vrai nègre de la Caroline du Sud, avec une tête bêtasse sur un corps de gringalet. Tout juste âgé de vingt et un ans, c'est dire qu'il n'avait jamais été esclave, pas même de naissance, mais il n'en valait guère mieux. Grimacier, gourmand, paresseux et surtout d'une poltronnerie superbe. Depuis trois ans, il était au service de Uncle Prudent. Cent fois, il avait failli se faire mettre à la porte; on l'avait gardé, de crainte d'un pire. Et, pourtant, mêlé à la vie d'un maître toujours prêt à se lancer dans les plus audacieuses entreprises, Frycollin devait s'attendre à maintes occasions dans lesquelles sa couardise aurait été mise à de rudes épreuves. Mais il y avait des compensations. On ne le chicanait pas trop sur sa gourmandise, encore moins sur sa paresse. Ah! valet Frycollin, si tu avais pu lire dans l'avenir!

Aussi pourquoi Frycollin n'était-il pas resté à Boston, au service d'une certaine famille Sneffel, qui, sur le point de faire un voyage en Suisse, y avait renoncé à cause des éboulements? N'était-ce pas la maison qui convenait à Frycollin, et non celle de Uncle Prudent, où la témérité était en permanence?

Enfin, il y était, et son maître avait même fini par s'habituer à ses défauts. Il avait une qualité, d'ailleurs. Bien qu'il fût nègre d'origine, il ne parlait pas nègre, — ce qui est à considérer, car rien de désagréable comme cet odieux jargon dans lequel l'emploi du pronom possessif et des infinitifs est poussé jusqu'à l'abus.

Donc, il est bien établi que le valet Frycollin était poltron, et, ainsi qu'on le dit, « poltron comme la lune. »

Or, à ce propos, il n'est que juste de protester contre cette comparaison insultante pour la blonde Phébé, la douce Sélène, la chaste sœur du radieux

Apollon. De quel droit accuser de poltronnerie un astre qui, depuis que le monde est monde, a toujours regardé la terre en face, sans jamais lui tourner le dos?

Quoi qu'il en soit, à cette heure — il était bien près de minuit — le croissant de la « pâle calomniée » commençait à disparaître à l'ouest derrière les hautes ramures du parc. Ses rayons, glissant à travers les branches, semaient quelques découpures sur le sol. Les dessous du bois en paraissaient moins sombres.

Cela permit à Frycollin de porter un regard plus inquisiteur.

« Brrr! fit-il. Ils sont toujours là, ces coquins! Positivement, ils se rapprochent! »

Il n'y tint plus, et, allant vers son maître :

« Master Uncle, » dit-il.

C'est ainsi qu'il le nommait et que le président du Weldon-Institute voulait être nommé.

En ce moment, la dispute des deux rivaux était arrivée au plus haut degré. Et, comme ils s'envoyaient promener l'un l'autre, Frycollin fut brutalement prié de prendre sa part de cette promenade.

Puis, tandis qu'ils se parlaient les yeux dans les yeux, Uncle Prudent s'enfonçait plus avant à travers les prairies désertes de Fairmont-Park, s'éloignant toujours de la Schuylkill-river et du pont qu'il fallait reprendre pour rentrer dans la ville.

Tous trois se trouvèrent alors au centre d'une haute futaie d'arbres, dont la cime s'imprégnait des dernières lueurs lunaires. A la limite de cette futaie s'ouvrait une large clairière, vaste champ ovale, merveilleusement disposé pour les luttes d'un ring. Pas un accident de terrain n'y eût gêné le galop des chevaux, pas un bouquet d'arbres n'aurait arrêté le regard des spectateurs le long d'une piste circulaire de plusieurs milles.

Et cependant, si Uncle Prudent et Phil Evans n'eussent pas été occupés de leurs disputes, s'ils avaient regardé avec quelque attention, ils n'auraient plus retrouvé à la clairière son aspect habituel. Était-ce donc une minoterie qui s'y était fondée depuis la veille? En vérité, on eût dit une minoterie, avec l'ensemble de ses moulins à vent, dont les ailes, immobiles alors, grimaçaient dans la demi-ombre?

Mais ni le président ni le secrétaire du Weldon-Institute ne remarquèrent cette étrange modification apportée au paysage de Fairmont-Park. Frycollin n'en vit rien non plus. Il lui semblait que les rôdeurs s'approchaient, se resserraient comme au moment d'un mauvais coup. Il en était à la peur convulsive, paralysé dans ses membres, hérissé dans son système pileux, — enfin au dernier degré de l'épouvante.

Toutefois, pendant que ses genoux fléchissaient, il eut encore la force de crier une dernière fois :

« Master Uncle!... Master Uncle!

— Eh! qu'y a-t-il donc à la fin! » répondit Uncle Prudent.

Peut-être Phil Evans et lui n'auraient-ils pas été fâchés de soulager leur colère en rossant d'importance le malheureux valet. Mais ils n'en eurent pas le temps, pas plus que celui-ci n'eut le temps de leur répondre.

Un coup de sifflet venait d'être lancé sous bois. A l'instant, une sorte d'étoile électrique s'alluma au milieu de la clairière.

Un signal, sans doute, et, dans ce cas, c'est que le moment était venu d'exécuter quelque œuvre de violence.

En moins de temps qu'il n'en faut pour l'imaginer, six hommes bondirent à travers la futaie, deux sur Uncle Prudent, deux sur Phil Evans, deux sur le valet Frycollin, — ces deux derniers de trop, évidemment, car le nègre était incapable de se défendre.

Le président et le secrétaire du Weldon-Institute, quoique surpris par cette attaque, voulurent résister. Ils n'en eurent ni le temps ni la force. En quelques secondes, rendus aphones par un bâillon, aveugles par un bandeau, maîtrisés, ligotés, ils furent emportés rapidement à travers la clairière. Que devaient-ils penser, sinon qu'ils avaient affaire à cette race de gens peu scrupuleux, qui n'hésitent point à dépouiller les gens attardés au fond des bois. Il n'en fut rien, cependant. On ne les fouilla même pas, bien que Uncle Prudent eût toujours sur lui, suivant son habitude, quelques milliers de dollars-papier.

Bref, une minute après cette agression, sans qu'aucun mot eût été échangé entre les agresseurs, Uncle Prudent, Phil Evans et Frycollin sentaient qu'on les déposait doucement, non sur l'herbe de la clairière, mais sur une sorte de plancher que leur poids fit gémir. Là, ils furent accotés l'un près de l'autre. Une porte se referma sur eux. Puis, le grincement d'un pêne dans une gâche leur apprit qu'ils étaient prisonniers.

Il se fit alors un bruissement continu, comme un frémissement, un frrrr, dont les rrr se prolongeaient à l'infini, sans qu'aucun autre bruit fût perceptible au milieu de cette nuit si calme.

. . . .

Quel émoi, le lendemain, dans Philadelphie! Dès les premières heures, on savait ce qui s'était passé la veille à la séance du Weldon-Institute : l'apparition d'un mystérieux personnage, un certain ingénieur nommé Robur — Robur-le-Conquérant! — la lutte qu'il semblait vouloir engager contre les ballonistes, puis sa disparition inexplicable.

Mais ce fut bien une autre affaire, lorsque toute la ville apprit que le président et le secrétaire du club, eux aussi, avaient disparu pendant la nuit du 12 au 13 juin.

Ce que l'on fit de recherches dans toute la cité et aux environs! Inutilement, d'ailleurs. Les feuilles publiques de Philadelphie, puis les journaux de la Pensylvanie, puis ceux de toute l'Amérique, s'emparèrent du fait et l'expliquèrent de cent façons, dont aucune ne devait être la vraie. Des sommes considérables furent promises par annonces et affiches — non seulement à qui retrouverait les honorables disparus, mais à quiconque pourrait produire quelque indice de nature à mettre sur leurs traces. Rien n'aboutit. La terre se serait entr'ouverte pour les engloutir, que le président et le secrétaire de Weldon-Institute n'auraient pas été plus supprimés de la surface du globe.

A ce propos, les journaux du gouvernement demandèrent que le personnel de la police fût augmenté dans une forte proportion, puisque de pareils attentats pouvaient se produire contre les meilleurs citoyens des État-Unis — et ils avaient raison...

Il est vrai, les journaux de l'opposition demandèrent que ce personnel fût licencié comme inutile, puisque de pareils attentats pouvaient se produire, sans qu'il fût possible d'en retrouver les auteurs — et peut-être n'avaient-ils pas tort.

En somme, la police resta ce qu'elle était, ce qu'elle sera toujours dans le meilleur des mondes qui n'est pas parfait et ne saurait l'être.

V

DANS LEQUEL UNE SUSPENSION D'HOSTILITÉS EST CONSENTIE ENTRE LE PRÉSIDENT ET LE SECRÉTAIRE DU WELDON-INSTITUTE.

Un bandeau sur les yeux, un bâillon dans la bouche, une corde aux poignets, une corde aux pieds, donc impossible de voir, de parler, de se déplacer. Cela n'était pas fait pour rendre plus acceptable la situation de Uncle Prudent, de Phil Evans et du valet Frycollin. En outre, ne point savoir quels sont les auteurs d'un pareil rapt, en quel endroit on a été jeté comme de simples colis dans un wagon de bagages, ignorer où l'on est, à quel sort on est réservé, il y avait là de quoi exaspérer les plus patients de l'espèce ovine, et l'on sait que les membres du Weldon-Institute ne sont pas précisément des moutons pour la patience. Étant donnée sa violence de caractère, on imagine aisément dans quel état Uncle Prudent devait être.

En tout cas, Phil Evans et lui devaient penser qu'il leur serait difficile de prendre place, le lendemain soir, au bureau du club.

Quant à Frycollin, yeux fermés, bouche close, il lui était impossible de songer à quoi que ce fût. Il était plus mort que vif.

Pendant une heure, la situation des prisonniers ne se modifia pas. Personne ne vint les visiter ni leur rendre la liberté de mouvement et de parole, dont ils auraient eu si grand besoin. Ils étaient réduits à des soupirs étouffés, à des « heins! » poussés à travers leurs bâillons, à des soubresauts de carpes qui se pâment hors de leur bassin natal. Ce que cela indiquait de colère muette, de fureur rentrée ou plutôt ficelée, on le comprend de reste. Puis, après ces infructueux efforts, ils demeurèrent quelque temps inertes. Et alors, puisque le sens de la vue leur manquait, ils s'essayèrent à tirer, par le sens de l'ouïe, quelque indice de ce qu'était cet inquiétant état de choses. Mais en vain cherchaient-ils à surprendre d'autre bruit que l'interminable et inexplicable frrrr qui semblait les envelopper d'une atmosphère frissonnante.

Cependant, il arriva ceci : c'est que Phil Evans, procédant avec calme, parvint à relâcher la corde qui lui liait les poignets. Puis, peu à peu, le nœud se desserra, ses doigts glissèrent les uns sur les autres, ses mains reprirent leur aisance habituelle.

Un vigoureux frottement rétablit la circulation, gênée par le ligotement. Un instant après, Phil Evans avait enlevé le bandeau qui lui couvrait les yeux, arraché le bâillon de sa bouche, coupé les cordes avec la fine lame de son « bowie-knife ». Un Américain qui n'aurait pas toujours son bowie-knife en poche ne serait plus un Américain.

Du reste, si Phil Evans y gagna de pouvoir remuer et parler, ce fut tout. Ses yeux ne trouvèrent pas à s'exercer utilement, — en ce moment, du moins. Obscurité complète dans cette cellule. Toutefois, un peu de clarté filtrait à travers une sorte de meurtrière, percée dans la paroi à six ou sept pieds de hauteur.

On le pense bien, quoi qu'il en eût, Phil Evans n'hésita pas un instant à délivrer son rival. Quelques coups de bowie-knife suffirent à trancher les nœuds qui le serraient aux pieds et aux mains. Aussitôt Uncle Prudent, à demi enragé, de se redresser sur les genoux, d'arracher bandeau et bâillon; puis, d'une voix étranglée :

« Merci! dit-il.

— Non!... Pas de remerciements, répondit l'autre.

— Phil Evans?

— Uncle Prudent?...

SUSPENSION DES HOSTILITÉS.

— Ici, plus de président ni de secrétaire du Weldon-Institute, plus d'adversaires!

— Vous avez raison, répondit Phil Evans. Il n'y a plus que deux hommes qui ont à se venger d'un troisième, dont l'attentat exige de sévères représailles. Et ce troisième...

— C'est Robur!...

— C'est Robur! »

Voilà donc un point sur lequel les deux ex-concurrents furent absolument d'accord. A ce sujet, aucune dispute à craindre.

« Et votre valet? fit observer Phil Evans, montrant Frycollin qui soufflait comme un phoque, il faut le déficeler.

— Pas encore, répondit Uncle Prudent. Il nous assommerait de ses jérémiades, et nous avons autre chose à faire qu'à récriminer.

— Quoi donc, Uncle Prudent?

— A nous sauver, si c'est possible.

— Et même si c'est impossible.

— Vous avez raison, Phil Evans, même si c'est impossible! »

Quant à douter un instant que cet enlèvement dût être attribué à cet étrange Robur, cela ne pouvait venir à la pensée du président et de son collègue. En effet, de simples et honnêtes voleurs, après leur avoir dérobé montres, bijoux, portefeuilles, porte-monnaie, les auraient jetés au fond de la Schuylkill-river, avec un bon coup de couteau dans la gorge, au lieu de les enfermer au fond de.... De quoi? — Grave question, en vérité, qu'il convenait d'élucider, avant de commencer les préparatifs d'une évasion avec quelques chances de succès.

« Phil Evans, reprit Uncle Prudent, après notre sortie de cette séance, au lieu d'échanger des aménités sur lesquelles il n'y a pas lieu de revenir, nous aurions mieux fait d'être moins distraits. Si nous étions restés dans les rues de Philadelphie, rien de tout cela ne serait arrivé. Évidemment, ce Robur s'était douté de ce qui allait se passer au club; il prévoyait les colères que son attitude provoquante devait soulever, il avait placé à la porte quelques-uns de ses bandits pour lui prêter main-forte. Quand nous avons quitté la rue Walnut, ces sbires nous ont épiés, suivis, et, lorsqu'ils nous ont vu imprudemment engagés dans les avenues de Fairmont-Park, ils ont eu la partie belle.

— D'accord, répondit Phil Evans. Oui! nous avons eu grand tort de ne pas regagner directement notre domicile.

— On a toujours tort de ne pas avoir raison, » répondit Uncle Prudent.

En ce moment, un long soupir s'échappa du coin le plus obscur de la cellule.

« Qu'est-ce cela? demanda Phil Evans.

— Rien!... Frycollin qui rêve. »

Et Uncle Prudent reprit :

« Entre le moment où nous avons été saisis, à quelques pas de la clairière, et le moment où on nous a jetés dans ce réduit, il ne s'est pas écoulé plus de deux minutes. Il est donc évident que ces gens ne nous ont pas entraînés au delà de Fairmont-Park...

— Et s'ils l'avaient fait, nous aurions bien senti un mouvement de translation.

— D'accord, répondit Uncle Prudent. Donc il n'est pas douteux que nous soyons enfermés dans le compartiment d'un véhicule, — peut-être un de ces longs chariots des Prairies, ou quelque voiture de saltimbanques...

— Évidemment! Si c'était un bateau amarré aux rives de la Schuylkill-river, cela se reconnaîtrait à certains balancements que le courant lui imprimerait d'un bord sur l'autre.

— D'accord, toujours d'accord, répéta Uncle Prudent, et je pense que, puisque nous sommes encore dans la clairière, c'est le moment ou jamais de fuir, quitte à retrouver plus tard ce Robur...

— Et à lui faire payer cher cette atteinte à la liberté de deux citoyens des État-Unis d'Amérique !

— Cher... très cher!

— Mais quel est cet homme?... D'où vient-il?... Est-ce un Anglais, un Allemand, un Français...

— C'est un misérable, cela suffit, répondit Uncle Prudent. — Maintenant, à l'œuvre ! »

Tous deux, les mains tendues, les doigts ouverts, palpèrent alors les parois du compartiment pour y trouver un joint ou une fissure. Rien. Rien, non plus, à la porte. Elle était hermétiquement fermée, et il eût été impossible de faire sauter la serrure. Il fallait donc pratiquer un trou et s'échapper par ce trou. Restait la question de savoir si les bowie-knifes pourraient entamer les parois, si leurs lames ne s'émousseraient pas ou ne se briseraient pas dans ce travail.

« Mais d'où vient ce frémissement qui ne cesse pas? demanda Phil Evans, très surpris de ce frrrr continu.

— Le vent, sans doute, répondit Uncle Prudent.

— Le vent ?... Jusqu'à minuit, il me semble que la soirée a été absolument calme....

— Évidemment, Phil Evans. Si ce n'était pas le vent, que voudriez-vous que ce fût? »

Phil Evans, après avoir dégagé la meilleure lame de son couteau, essaya d'entamer les parois près de la porte. Peut-être suffirait-il de faire un trou pour l'ouvrir par l'extérieur, si elle n'était maintenue que par un verrou, ou si la clef avait été laissée dans la serrure.

Quelques minutes de travail n'eurent d'autre résultat que d'ébrécher les lames du bowie-knife, de les épointer, de les transformer en scies à mille dents.

« Ça ne mord pas, Phil Evans?

— Non.

— Est-ce que nous serions dans une cellule en tôle?

— Point, Uncle Prudent. Ces parois, quand on les frappe, ne rendent aucun son métallique.

— Du bois de fer, alors?

— Non! ni fer ni bois.

— Qu'est-ce alors?

Phil Evans donna un violent coup sur la vitre. (Page 53.)

— Impossible de le dire, mais, en tout cas, une substance sur laquelle l'acier ne peut mordre. »

Uncle Prudent, pris d'un violent accès de colère, jura, frappa du pied le plancher sonore, tandis que ses mains cherchaient à étrangler un Robur imaginaire.

« Du calme, Uncle Prudent, lui dit Phil Evans, du calme ! Essayez à votre tour. »

SUSPENSION DES HOSTILITÉS. 49

Et que virent-ils? (Page 54.)

Uncle Prudent essaya, mais le bowie-knife ne put entamer une paroi qu'il ne parvenait même pas à rayer de ses meilleures lames, comme si elle eût été de cristal.

Donc, toute fuite devenait impraticable, en admettant qu'elle eût pu être tentée, la porte une fois ouverte.

Il fallut se résigner, momentanément, ce qui n'est guère dans le tempérament yankee, et tout attendre du hasard, ce qui doit répugner à des esprits éminemment pratiques. Mais ce ne fut pas sans objurgations, gros mots, violentes invectives à l'adresse de ce Robur — lequel ne devait point être homme à s'en émouvoir, pour peu qu'il se montrât dans la vie privée le personnage qu'il avait été au milieu du Weldon-Institute.

Cependant Frycollin commençait à donner quelques signes non équivoques de malaise. Soit qu'il éprouvât des crampes à l'estomac ou des crampes dans les membres, il se démenait d'une lamentable façon.

Uncle Prudent crut devoir mettre un terme à cette gymnastique, en coupant les cordes qui serraient le nègre.

Peut-être eut-il lieu de s'en repentir. Ce fut aussitôt une interminable litanie, dans laquelle les affres de l'épouvante se mêlaient aux souffrances de la faim. Frycollin n'était pas moins pris par le cerveau que par l'estomac. Il eût été difficile de dire auquel de ces deux viscères le nègre était plus particulièrement redevable de ce qu'il éprouvait.

« Frycollin ! s'écria Uncle Prudent

— Master Uncle !... Master Uncle !... répondit le nègre entre deux vagissements lugubres.

— Il est possible que nous soyons condamnés à mourir de faim dans cette prison. Mais nous sommes décidés à ne succomber que lorsque nous aurons épuisé tous les moyens d'alimentation susceptibles de prolonger notre vie...

— Me manger? s'écria Frycollin.

— Comme on fait toujours d'un nègre en pareille occurrence !... Ainsi, Frycollin, tâche de te faire oublier...

— Ou l'on te Fry-cas-se-ra ! » ajouta Phil Evans.

Et, très sérieusement, Frycollin eut peur d'être employé à la prolongation de deux existences évidemment plus précieuses que la sienne. Il se borna donc à gémir *in petto*.

Cependant le temps s'écoulait, et toute tentative pour forcer la porte ou la paroi était demeurée infructueuse. En quoi était cette paroi, impossible de le reconnaître. Ce n'était pas du métal, ce n'était pas du bois, ce n'était pas de la pierre. En outre, le plancher de la cellule semblait fait de la

SUSPENSION DES HOSTILITÉS.

même matière. Lorsqu'on le frappait du pied, il rendait un son particulier, que Uncle Prudent aurait eu quelque peine à classer dans la catégorie des bruits connus. Autre remarque : en dessous, ce plancher paraissait sonner le vide, comme s'il n'eût pas directement reposé sur le sol de la clairière. Oui ! l'inexplicable frrr semblait en caresser la face inférieure. Tout cela n'était pas rassurant.

« Uncle Prudent? dit Phil Evans.

— Phil Evans? répondit Uncle Prudent.

— Pensez-vous que notre cellule se soit déplacée?

— En aucune façon.

— Pourtant, au premier moment de notre incarcération, j'ai pu distinctement percevoir la fraîche odeur de l'herbe et la senteur résineuse des arbres du parc. Maintenant, j'ai beau humer l'air, il me semble que toutes ces senteurs ont disparu...

— En effet.

— Comment expliquer cela?

— Expliquons-le de n'importe quelle façon, Phil Evans, excepté par l'hypothèse que notre prison ait changé de place. Je le répète, si nous étions sur un chariot en marche ou sur un bateau en dérive, nous le sentirions. »

Frycollin poussa alors un long gémissement qui eût pu passer pour son dernier soupir, s'il n'eût été suivi de plusieurs autres.

« J'aime à croire que ce Robur nous fera bientôt comparaître devant lui, reprit Phil Evans.

— Je l'espère bien, s'écria Uncle Prudent, et je lui dirai...

— Quoi?

— Qu'après avoir débuté comme un insolent, il a fini comme un coquin! »

En ce moment, Phil Evans observa que le jour commençait à se faire. Une lueur, vague encore, filtrait à travers l'étroite meurtrière, évidée dans la partie supérieure de la paroi, à l'opposé de la porte. Il devait donc être quatre heures du matin, environ, puisque c'est à cette heure que, dans ce mois de juin et sous cette latitude, l'horizon de Philadelphie se blanchit des premiers rayons du matin.

Cependant, quand Uncle Prudent eut fait sonner sa montre à répétition, — chef-d'œuvre qui provenait de l'usine même de son collègue, — le petit timbre n'indiqua que trois heures moins le quart, bien que la montre ne se fût point arrêtée.

« Bizarre! dit Phil Evans. A trois heures moins le quart, il devrait encore faire nuit.

— Il faudrait donc que ma montre eût éprouvé un retard... répondit Uncle Prudent.

— Une montre de la *Walton Watch Company!* » s'écria Phil Evans.

Quoi qu'il en fût, c'était bien le jour qui se levait. Peu à peu, la meurtrière se dessinait en blanc dans la profonde obscurité de la cellule. Cependant, si l'aube apparaissait plus hâtivement que ne le permettait le quarantième parallèle, qui est celui de Philadelphie, elle ne se faisait pas avec cette rapidité spéciale aux basses latitudes.

Nouvelle observation de Uncle Prudent à ce sujet, nouveau phénomène inexplicable.

« On pourrait peut-être se hisser jusqu'à la meurtrière, fit observer Phil Evans, et tâcher de voir où on est?

— On le peut, » répondit Uncle Prudent.

Et, s'adressant à Frycollin :

« Allons, Fry, haut sur pied! »

Le nègre se redressa.

« Appuie ton dos contre cette paroi, reprit Uncle Prudent, et vous, Phil Evans, veuillez monter sur l'épaule de ce garçon, pendant que je contrebuterai afin qu'il ne vous manque pas.

— Volontiers, » répondit Phil Evans.

Un instant après, les deux genoux sur les épaules de Frycollin, il avait ses yeux à la hauteur de la meurtrière.

Cette meurtrière était fermée, non par un verre lenticulaire comme celui d'un hublot de navire, mais par une simple vitre. Bien qu'elle ne fût pas très épaisse, elle gênait le regard de Phil Evans, dont le rayon de vue était excessivement borné.

SUSPENSION DES HOSTILITÉS.

« Eh bien, cassez cette vitre, dit Uncle Prudent, et peut-être pourrez-vous mieux voir? »

Phil Evans donna un violent coup du manche de son bowie-knife sur la vitre qui rendit un son argentin mais ne cassa pas.

Second coup plus violent. Même résultat.

« Bon! s'écria Phil Evans, du verre incassable! »

En effet, il fallait que cette vitre fût faite d'un verre trempé d'après les procédés de l'inventeur Siemens, puisque, malgré des coups répétés, elle demeura intacte.

Toutefois, l'espace était assez éclairé maintenant pour que le regard pût s'étendre au dehors — du moins dans la limite du champ de vision coupé par l'encadrement de la meurtrière.

« Que voyez-vous? demanda Uncle Prudent.

— Rien.

— Comment? Pas un massif d'arbres?

— Non.

— Pas même le haut des branches?

— Pas même.

— Nous ne sommes donc plus au centre de la clairière?

— Ni dans la clairière ni dans le parc.

— Apercevez-vous au moins des toits de maisons, des faîtes de monuments? dit Uncle Prudent, dont le désappointement, mêlé de fureur, ne cessait de s'accroître.

— Ni toits, ni faîtes.

— Quoi! pas même un mât de pavillon, pas même un clocher d'église, pas même une cheminée d'usine?

— Rien que l'espace. »

Juste à ce moment, la porte de la cellule s'ouvrit. Un homme apparut sur le seuil.

C'était Robur.

« Honorables ballonistes, dit-il d'une voix grave, vous êtes maintenant libres d'aller et de venir...

— Libres! s'écria Uncle Prudent.

— Oui... dans les limites de l'*Albatros!* »

Uncle Prudent et Phil Evans se précipitèrent hors de la cellule.

Et que virent-ils?

A douze ou treize cents mètres au-dessous d'eux, la surface d'un pays qu'ils cherchaient en vain à reconnaître.

VI

QUE LES INGÉNIEURS, LES MÉCANICIENS ET AUTRES SAVANTS FERAIENT PEUT-ÊTRE BIEN DE PASSER.

« A quelle époque l'homme cessera-t-il de ramper dans les bas-fonds pour vivre dans l'azur et la paix du ciel? »

A cette demande de Camille Flammarion, la réponse est facile : ce sera à l'époque où les progrès de la mécanique auront permis de résoudre le problème de l'aviation. Et, depuis quelques années — on le prévoyait — une utilisation plus pratique de l'électricité devait conduire à la solution du problème.

En 1783, bien avant que les frères Montgolfier eussent construit la première montgolfière, et le physicien Charles son premier ballon, quelques esprits aventureux avaient rêvé la conquête de l'espace au moyen d'appareils mécaniques. Les premiers inventeurs n'avaient donc pas songé aux appareils plus légers que l'air — ce que la physique de leur temps n'eût point permis d'imaginer. C'était aux appareils plus lourds que lui, aux machines volantes, faites à l'imitation de l'oiseau, qu'ils demandaient de réaliser la locomotion aérienne.

C'est précisément ce qu'avait fait ce fou d'Icare, fils de Dédale, dont les ailes, attachées avec de la cire, tombèrent aux approches du soleil.

Mais, sans remonter jusqu'aux temps mythologiques, sans parler d'Archytas de Tarente, on trouve déjà dans les travaux de Dante de Pérouse, de Léonard de Vinci, de Guidotti, l'idée de machines destinées à se mouvoir au milieu de l'atmosphère. Deux siècles et demi après, les inventeurs commencent à se multiplier. En 1742, le marquis de Bacqueville fabrique un système d'ailes, l'essaie au-dessus de la Seine et se casse le bras en tombant. En 1768, Paucton conçoit la disposition d'un appareil à deux hélices suspensive et propulsive. En 1781, Meerwein, architecte du prince de Bade, construit une machine à mouvement orthoptérique, et proteste contre la direction des aérostats qui venaient d'être inventés. En 1784, Launoy et Bienvenu font manœuvrer un hélicoptère, mu par des ressorts. En 1808, essais de vol par l'autrichien Jacques Degen. En 1810, brochure de Deniau, de Nantes, où les principes du « Plus lourd que l'air » sont posés. Puis, de 1811 à 1840, études et inventions de Berblinger, de Vigual, de Sarti, de Dubochet, de Cagniard de Latour. En 1842, on trouve l'anglais Henson avec son système de plans inclinés et d'hélices actionnées par la vapeur; en 1845, Cossus et son appareil à hélices ascensionnelles; en 1847, Camille Vert et son hélicoptère à ailes de plumes; en 1852, Letur avec son système de parachute dirigeable, dont l'expérience lui coûta la vie; en la même année, Michel Loup avec son plan de glissement muni de quatre ailes tournantes; en 1853, Béléguic et son aéroplane mu par des hélices de traction, Vaussin-Chardannes avec son cerf-volant libre dirigeable, Georges Cauley avec ses plans de machines volantes, pourvus d'un moteur à gaz. De 1854 à 1863, apparaissent Joseph Pline, breveté pour plusieurs systèmes aériens, Bréant, Carlingford, Le Bris, Du Temple, Bright, dont les hélices ascensionnelles tournent en sens inverse, Smythies, Panafieu, Crosnier, etc. Enfin, en 1863, grâce aux efforts de Nadar, une Société du *Plus lourd que l'air* est fondée à Paris. Là les inventeurs font expérimenter des machines dont quelques-unes sont déjà brevetées : de Ponton d'Amécourt et son hélicoptère à vapeur, de la Landelle et son système à combinaisons d'hélices avec plans inclinés et parachutes, de Louvrié et son aéroscaphe, d'Esterno et son oiseau mécanique, de Groof et son appareil à ailes mues par des leviers. L'élan était

L'Albatros.

donné, les inventeurs inventent, les calculateurs calculent tout ce qui doit rendre pratique la locomotion aérienne. Bourcart, Le Bris, Kaufmann, Smyth, Stringfellow, Prigent, Danjard, Pomès et de la Pauze, Moy, Pénaud, Jobert, Hureau de Villeneuve, Achenbach, Garapon, Duchesne, Danduran, Parisel, Dieuaide, Melkisff, Forlanini, Brearey, Tatin, Dandrieux, Edison, les uns avec des ailes ou des hélices, les autres avec des plans inclinés, imaginent, créent, fabriquent, perfectionnent leurs machines volantes qui seront prêtes à

DESCRIPTION DE L'APPAREIL.   57

On dirait un navire à trente-sept mâts. (Page 61.)

fonctionner le jour où un moteur d'une puissance considérable et d'une légèreté excessive leur sera appliqué par quelque inventeur.

Que l'on pardonne cette nomenclature un peu longue. Ne fallait-il pas montrer tous ces degrés de l'échelle de la locomotion aérienne, au sommet de laquelle apparaît Robur-le-Conquérant? Sans les tâtonnements, les expériences de ses devanciers, l'ingénieur eût-il pu concevoir un appareil si parfait? Non, certes! Et, s'il n'avait que dédains pour ceux qui s'obstinent encore à chercher la direction des ballons, il tenait en haute estime tous les partisans du « Plus lourd que l'air », Anglais, Américains, Italiens, Autrichiens, Français, — Français surtout, dont les travaux, perfectionnés par lui, l'avaient amené à créer, puis à construire cet engin volateur, l'*Albatros*, lancé à travers les courants de l'atmosphère.

« Pigeon vole! » s'était écrié l'un des plus persistants adeptes de l'aviation.

— On foulera l'air comme on foule la terre! avait répondu un de ses plus acharnés partisans.

— A locomotive, aéromotive! » avait jeté le plus bruyant de tous, qui embouchait les trompettes de la publicité pour réveiller l'Ancien et le Nouveau Monde.

Rien de mieux établi, en effet, par expérience et par calcul, que l'air est un point d'appui très résistant. Une circonférence d'un mètre de diamètre, formant parachute, peut non seulement modérer une descente dans l'air, mais aussi la rendre isochrone. Voilà ce qu'on savait.

On savait également que, quand la vitesse de translation est grande, le travail de pesanteur varie à peu près en raison inverse du carré de cette vitesse et devient presque insignifiant.

On savait encore que plus le poids d'un animal volant augmente, moins augmente proportionnellement la surface ailée nécessaire pour le soutenir, bien que les mouvements qu'il doit faire soient plus lents.

Un appareil d'aviation doit donc être construit de manière à utiliser ces lois naturelles, à imiter l'oiseau, « ce type admirable de la locomotion aérienne », a dit le docteur Marey, de l'Institut de France.

En somme, les appareils qui peuvent résoudre ce problème se résument en trois sortes :

1° Les hélicoptères ou spiralifères, qui ne sont que des hélices à axes verticaux.

2° Les orthoptères, engins qui tendent à reproduire le vol naturel des oiseaux.

3° Les aéroplanes, qui ne sont, à vrai dire, que des plans inclinés, comme le cerf-volant, mais remorqués ou poussés par des hélices horizontales.

DESCRIPTION DE L'APPAREIL.   59

Chacun de ces systèmes avait eu et a même encore des partisans décidés à ne rien céder sur ce point.

Cependant, Robur, par bien des considérations, avait rejeté les deux premiers.

Que l'orthoptère, l'oiseau mécanique, présente certains avantages, nul doute. Les travaux, les expériences de M. Renaud, en 1884, l'ont prouvé. Mais, ainsi qu'on le lui avait dit, il ne faut pas servilement imiter la nature. Les locomotives n'ont pas été copiées sur les lièvres, ni les navires à vapeur sur les poissons. Aux premiers on a mis des roues qui ne sont pas des jambes, aux seconds des hélices qui ne sont point des nageoires. Et ils n'en marchent pas plus mal. Au contraire. D'ailleurs, sait-on ce qui se fait mécaniquement dans le vol des oiseaux dont les mouvements sont très complexes? Le docteur Marey n'a-t-il pas soupçonné que les pennes s'entr'ouvrent pendant le relèvement de l'aile pour laisser passer l'air, mouvement au moins bien difficile à produire avec une machine artificielle?

D'autre part, que les aéroplanes eussent donné quelques bons résultats, ce n'était pas douteux. Les hélices opposant un plan oblique à la couche d'air, c'était le moyen de produire un travail d'ascension, et les petits appareils expérimentés prouvaient que le poids disponible, c'est-à-dire, celui dont on peut disposer en dehors de celui de l'appareil, augmente avec le carré de la vitesse. Il y avait là de grands avantages — supérieurs même à ceux des aérostats soumis à un mouvement de translation.

Néanmoins, Robur avait pensé que ce qu'il y avait de meilleur, c'était encore ce qu'il y aurait de plus simple. Aussi, les hélices, — ces « saintes hélices » qu'on lui avait jetées à la tête au Weldon-Institute, — avaient-elles suffi à tous les besoins de sa machine volante. Les unes tenaient l'appareil suspendu dans l'air, les autres le remorquaient dans des conditions merveilleuses de vitesse et de sécurité.

En effet, théoriquement, au moyen d'une hélice d'un pas suffisamment court mais d'une surface considérable, ainsi que l'avait dit M. Victor Tatin, on pourrait, « en poussant les choses à l'extrême, soulever un poids indéfini avec la force la plus minime. »

Si l'orthoptère — battement d'ailes des oiseaux — s'élève en s'appuyant normalement sur l'air, l'hélicoptère s'élève en le frappant obliquement avec les branches de son hélice, comme s'il montait sur un plan incliné. En réalité, ce sont des ailes en hélice au lieu d'être des ailes en aube. L'hélice marche nécessairement dans la direction de son axe. Cet axe est-il vertical ? elle se déplace verticalement. Est-il horizontal ? elle se déplace horizontalement.

Tout l'appareil volant de l'ingénieur Robur était dans ces deux fonctionnements.

En voici la description exacte, qui peut se scinder en trois parties essentielles : la plate-forme, les engins de suspension et de propulsion, la machinerie.

Plate-forme. — C'est un bâti, long de trente mètres, large de quatre, véritable pont de navire avec proue en forme d'éperon. Au-dessous, s'arrondit une coque, solidement membrée, qui renferme les appareils destinés à produire la puissance mécanique, la soute aux munitions, les apparaux, les outils, le magasin général pour approvisionnements de toutes sortes, y compris les caisses à eau du bord. Autour du bâti, quelques légers montants, reliés par un treillis de fil de fer, supportent une rambarde qui sert de main-courante. A sa surface s'élèvent trois roufles, dont les compartiments sont affectés, les uns au logement du personnel, les autres à la machinerie. Dans le roufle central fonctionne la machine qui actionne tous les engins de suspension ; dans celui de l'avant la machine du propulseur de l'avant; dans celui de l'arrière, la machine du propulseur de l'arrière, — ces trois machines ayant chacune leur mise en train spéciale. Du côté de la proue, dans le premier roufle, se trouvent l'office, la cuisine et le poste de l'équipage. Du côté de la poupe, dans le dernier roufle, sont disposées plusieurs cabines, entre autres, celle de l'ingénieur, une salle à manger, puis, au-dessus, une cage vitrée dans laquelle se tient le timonier qui dirige l'appareil au moyen d'un puissant gouvernail. Tous ces roufles sont éclairés par des hublots, fermés de verres trempés qui ont dix fois la résistance du verre ordinaire. Au-dessous de la coque, est établi un système de ressorts flexibles, destinés à adoucir les heurts,

DESCRIPTION DE L'APPAREIL.

bien que l'atterrissage puisse se faire avec une douceur extrême, tant l'ingénieur est maître des mouvements de l'appareil.

Engins de suspension et de propulsion. — Au-dessus de la plate-forme, trente-sept axes se dressent verticalement, dont quinze en abord, de chaque côté, et sept plus élevés au milieu. On dirait un navire à trente-sept mâts. Seulement ces mâts, au lieu de voiles, portent chacun deux hélices horizontales, d'un pas et d'un diamètre assez courts, mais auxquelles on peut imprimer une rotation prodigieuse. Chacun de ces axes a son mouvement indépendant du mouvement des autres, et, en outre, de deux en deux, chaque axe tourne en sens inverse — disposition nécessaire pour que l'appareil ne soit pas pris d'un mouvement de giration. De la sorte, les hélices, tout en continuant à s'élever sur la colonne d'air verticale, se font équilibre contre la résistance horizontale. Conséquemment, l'appareil est muni de soixante-quatorze hélices suspensives, dont les trois branches sont maintenues extérieurement par un cercle métallique, qui, faisant fonction de volant, économise la force motrice. A l'avant et à l'arrière, montées sur axes horizontaux, deux hélices propulsives, à quatre branches, d'un pas inverse très allongé tournent en sens différent et communiquent le mouvement de propulsion. Ces hélices, d'un diamètre plus grand que celui des hélices de suspension, peuvent également tourner avec une excessive vitesse.

En somme, cet appareil tient à la fois des systèmes qui ont été préconisés par MM. Cossus, de la Landelle et de Ponton d'Amécourt, systèmes perfectionnés par l'ingénieur Robur. Mais c'est surtout dans le choix et l'application de la force motrice qu'il a le droit d'être considéré comme inventeur.

Machinerie. — Ce n'est ni à la vapeur d'eau ou autres liquides, ni à l'air comprimé ou autres gaz élastiques, ni aux mélanges explosifs susceptibles de produire une action mécanique, que Robur a demandé la puissance nécessaire à soutenir et à mouvoir son appareil. C'est à l'électricité, à cet agent qui sera, un jour, l'âme du monde industriel. D'ailleurs, nulle machine électromotrice pour le produire. Rien que des piles et des accumulateurs. Seulement, quels sont les éléments qui entrent dans la composition de ces piles, quels acides les mettent en activité? c'est le secret de Robur. De même pour les accumulateurs. De quelle nature sont leurs lames positives et négatives? on ne sait. L'ingénieur s'était bien gardé, — et pour cause — de prendre un brevet d'invention. En somme, résultat non contestable : des piles d'un rendement extraordinaire, des acides d'une résistance presque absolue à l'évaporation ou à la congélation, des accumulateurs qui laissent très loin les Faure-Sellon-Volckmar, enfin des courants dont les ampères se chiffrent en nombres inconnus jusqu'alors. De là, une puissance en chevaux, électriques pour ainsi dire infinie, actionnant les hélices qui communiquent à l'appareil une force de suspension et de propulsion supérieure à tous ses besoins, en n'importe quelle circonstance.

Mais, il faut le répéter, cela appartient en propre à l'ingénieur Robur. Là-dessus il a gardé un secret absolu. Si le président et le secrétaire du Weldon-Institute ne parviennent pas à le découvrir, très probablement ce secret sera perdu pour l'humanité.

Il va sans dire que cet appareil possède une stabilité suffisante par suite de la position du centre de gravité. Nul danger qu'il prenne des angles inquiétants avec l'horizontale, nul renversement à craindre.

Reste à savoir quelle matière l'ingénieur Robur avait employée pour la construction de son aéronef, — nom qui peut très exactement s'appliquer à l'*Albatros*. Qu'était cette matière si dure que le bowie-knife de Phil Evans n'avait pu l'entamer et dont Uncle Prudent n'avait pu s'expliquer la nature ? Tout bonnement du papier.

Depuis bien des années, déjà, cette fabrication avait pris un développement considérable. Du papier sans colle, dont les feuilles sont imprégnées de dextrine et d'amidon, puis serrées à la presse hydraulique, forme une matière dure comme l'acier. On en fait des poulies, des rails, des roues de wagon, plus solides que les roues de métal et en même temps plus légères. Or, c'était cette solidité, cette légèreté, que Robur avait voulu utiliser pour la construction de sa locomotive aérienne. Tout, coque, bâti, roufles, cabines, était en papier de paille, devenu métal sous la pression, et même, ce qui n'était point à dédaigner pour un appareil courant à de grandes hauteurs, — incom-

DESCRIPTION DE L'APPAREIL.

bustible. Quant aux divers organes des engins de suspension et de propulsion, axes ou palettes des hélices, la fibre gélatinée en avait fourni la substance résistante et flexible à la fois. Cette matière, pouvant s'approprier à toutes formes, insoluble dans la plupart des gaz et des liquides, acides ou essences, — sans parler de ses propriétés isolantes, — avait été d'un emploi très précieux dans la machinerie électrique de l'*Albatros*.

L'ingénieur Robur, son contremaître Tom Turner, un mécanicien et ses deux aides, deux timoniers et un maître coq — en tout huit hommes — tel était le personnel de l'aéronef qui suffisait amplement aux manœuvres exigées par la locomotion aérienne. Des armes de chasse et de guerre, des engins de pêche, des fanaux électriques, des instruments d'observation, boussoles et sextants pour relever la route, thermomètre pour l'étude de la température, divers baromètres, les uns pour évaluer la cote des hauteurs atteintes, les autres pour indiquer les variations de la pression atmosphérique, un storm-glass pour la prévision des tempêtes, une petite bibliothèque, une petite imprimerie portative, une pièce d'artillerie montée sur pivot au centre de la plate-forme, se chargeant par la culasse et lançant un projectile de six centimètres, un approvisionnement de poudre, balles, cartouches de dynamite, une cuisine chauffée par les courants des accumulateurs, un stock de conserves, viandes et légumes, rangées dans une cambuse *ad hoc* avec quelques fûts de brandy, de wisky et de gin, enfin de quoi aller bien des mois sans être obligé d'atterrir, — tels étaient le matériel et les provisions de l'aéronef, sans compter la fameuse trompette.

En outre, il y avait à bord une légère embarcation en caoutchouc, insubmersible, qui pouvait porter huit hommes à la surface d'un fleuve, d'un lac ou d'une mer calme.

Mais Robur avait-il au moins installé des parachutes en cas d'accident? Non. Il ne croyait pas aux accidents de ce genre. Les axes des hélices étaient indépendants. L'arrêt des uns n'enrayait pas la marche des autres. Le fonctionnement de la moitié du jeu suffisait à maintenir l'*Albatros* dans son élément naturel.

« Et, avec lui, ainsi que Robur-le-Conquérant eut bientôt l'occasion de le

Un repas n'engage à rien. (Page 68.)

dire à ses nouveaux hôtes, — hôtes malgré eux — avec lui, je suis maître de cette septième partie du monde, plus grande que l'Australie, l'Océanie, l'Asie, l'Amérique et l'Europe, cette Icarie aérienne que des milliers d'Icariens peupleront un jour ! »

QUESTIONS SANS RÉPONSES.

Tom Turner. (Page 70.)

VII

DANS LEQUEL UNCLE PRUDENT ET PHIL EVANS REFUSENT ENCORE DE SE LAISSER CONVAINCRE.

Le président du Weldon-Institute était stupéfait, son compagnon abasourdi.

Mais ni l'un ni l'autre ne voulurent rien laisser paraître de cet ahurissement si naturel.

Le valet Frycollin, lui, ne dissimulait pas son épouvante à se sentir emporté dans l'espace à bord d'une pareille machine, et il ne cherchait point à s'en cacher.

Pendant ce temps, les hélices suspensives tournaient rapidement au-dessus de leurs têtes. Si considérable que fût alors cette vitesse de rotation, elle eût pu être triplée pour le cas où l'*Albatros* aurait voulu atteindre de plus hautes zones.

Quant aux deux propulseurs, lancés à une allure assez modérée, ils n'imprimaient à l'appareil qu'un déplacement de vingt kilomètres à l'heure.

En se penchant en dehors de la plate-forme, les passagers de l'*Albatros* purent apercevoir un long et sinueux ruban liquide qui serpentait, comme un simple ruisseau, à travers un pays accidenté, au milieu de l'étincellement de quelques lagons obliquement frappés des rayons du soleil. Ce ruisseau, c'était un fleuve, et l'un des plus importants de ce territoire. Sur la rive gauche se dessinait une chaîne montagneuse dont la prolongation allait à perte de vue.

« Et nous direz-vous où nous sommes ? demanda Uncle Prudent d'une voix que la colère faisait trembler.

— Je n'ai point à vous l'apprendre, répondit Robur.

— Et nous direz-vous où nous allons ? ajouta Phil Evans.

— A travers l'espace.

— Et cela va durer ?...

— Le temps qu'il faudra.

— S'agit-il donc de faire le tour du monde ? demanda ironiquement Phil Evans.

— Plus que cela, répondit Robur.

— Et si ce voyage ne nous convient pas ?... répliqua Uncle Prudent.

— Il faudra qu'il vous convienne ! »

Voilà un avant-goût de la nature des relations qui allaient s'établir entre le maître de l'*Albatros* et ses hôtes, pour ne pas dire ses prisonniers. Mais, manifestement, il voulut tout d'abord leur donner le temps de se remettre, d'admirer le merveilleux appareil qui les emportait dans les airs, et, sans doute, d'en complimenter l'inventeur. Aussi affecta-t-il de se promener d'un bout à l'autre de la plate-forme. Libre à eux d'examiner le dispositif des machines et l'aménagement de l'aéronef, ou d'accorder toute attention au paysage dont le relief se déployait au-dessous d'eux.

« Uncle Prudent, dit alors Phil Evans, si je ne me trompe, nous devons planer sur la partie centrale du territoire canadien. Ce fleuve qui coule dans le nord-ouest, c'est le Saint-Laurent. Cette ville que nous laissons en arrière, c'est Québec. »

C'était, en effet, la vieille cité de Champlain, dont les toits de fer-blanc éclataient au soleil comme des réflecteurs. L'*Albatros* s'était donc élevé jusqu'au quarante-sixième degré de latitude nord — ce qui expliquait l'avance prématurée du jour et la prolongation anormale de l'aube.

« Oui, reprit Phil Evans, voilà bien la ville en amphithéâtre, la colline qui porte sa citadelle, ce Gibraltar de l'Amérique du Nord ! Voici les cathédrales anglaise et française ! Voici la douane avec son dôme surmonté du pavillon britannique ! »

Phil Evans n'avait pas achevé que déjà la capitale du Canada commençait à se réduire dans le lointain. L'aéronef entrait dans une zone de petits nuages, qui dérobèrent peu à peu la vue du sol.

Robur, voyant alors que le président et le secrétaire du Weldon-Institute reportaient leur attention sur l'aménagement extérieur de l'*Albatros*, s'approcha et dit :

« Eh bien, messieurs, croyez-vous à la possibilité de la locomotion aérienne au moyen des appareils plus lourds que l'air ? »

Il eût été difficile de ne pas se rendre à l'évidence. Cependant Uncle Prudent et Phil Evans ne répondirent pas.

« Vous vous taisez ? reprit l'ingénieur. Sans doute, c'est la faim qui vous empêche de parler !... Mais, si je me suis chargé de vous transporter dans l'air, croyez que je ne vous nourrirai pas de ce fluide peu nutritif. Votre premier déjeuner vous attend. »

Comme Uncle Prudent et Phil Evans sentaient la faim les aiguillonner vivement, ce n'était pas le cas de faire des cérémonies. Un repas n'engage à rien, et, lorsque Robur les aurait remis à terre, ils comptaient bien reprendre vis-à-vis de lui leur entière liberté d'action.

Tous deux furent alors conduits vers le roufle de l'arrière, dans un petit « dining-room. » Là se trouvait une table proprement servie, à laquelle ils devaient manger à part pendant le voyage. Pour plats, différentes conserves, et, entre autres, une sorte de pain, composé en parties égales de farine et de viande réduite en poudre, relevée d'un peu de lard, lequel, bouilli dans l'eau, donne un potage excellent; puis, des tranches de jambon frit, et du thé pour boisson.

De son côté, Frycollin n'avait pas été oublié. A l'avant, il avait trouvé une forte soupe de ce pain. En vérité, il fallait qu'il eût belle faim pour manger, car ses mâchoires tremblaient de peur et auraient pu lui refuser tout service.

« Si ça cassait!... Si ça cassait! » répétait le malheureux nègre.

De là, des transes continuelles. Qu'on y songe! Une chute de quinze cents mètres qui l'aurait réduit à l'état de pâtée!

Une heure après, Uncle Prudent et Phil Evans reparurent sur la plate-forme. Robur n'y était plus. A l'arrière, l'homme de barre, dans sa cage vitrée, l'œil fixé sur la boussole, suivait imperturbablement, sans une hésitation, la route donnée par l'ingénieur.

Quant au reste du personnel, le déjeuner le retenait probablement dans son poste. Seul, un aide-mécanicien, préposé à la surveillance des machines, se promenait d'un roufle à l'autre.

Cependant, si la vitesse de l'appareil était grande, les deux collègues n'en pouvaient juger qu'imparfaitement, bien que l'*Albatros* fût alors sorti de la zone des nuages et que le sol se montrât à quinze cents mètres au-dessous.

« C'est à n'y pas croire! dit Phil Evans.

— N'y croyons pas, » répondit Uncle Prudent.

Ils allèrent alors se placer à l'avant et portèrent leurs regards vers l'horizon de l'ouest.

« Ah ! une autre ville ! dit Phil Evans.

— Pouvez-vous la reconnaître ?

— Oui ! Il me semble bien que c'est Montréal.

— Montréal ?... Mais nous n'avons quitté Québec que depuis deux heures tout au plus !

— Cela prouve que cette machine se déplace avec une rapidité d'au moins vingt-cinq lieues à l'heure. »

En effet, c'était la vitesse de l'aéronef, et, si les passagers ne se sentaient pas incommodés, c'est qu'ils marchaient alors dans le sens du vent. Par un temps calme, cette vitesse les eût considérablement gênés, puisque c'est à peu près celle d'un express. Par vent contraire, il aurait été impossible de la supporter.

Phil Evans ne se trompait pas. Au-dessous de l'*Albatros* apparaissait Montréal, très reconnaissable au Victoria-Bridge, pont tubulaire jeté sur le Saint-Laurent comme le viaduc du railway sur la lagune de Venise. Puis, on distinguait ses larges rues, ses immenses magasins, les palais de ses banques, sa cathédrale, basilique récemment construite sur le modèle de Saint-Pierre de Rome, enfin le Mont-Royal, qui domine l'ensemble de la ville et dont on a fait un parc magnifique.

Il était heureux que Phil Evans eût déjà visité les principales villes du Canada. Il put ainsi en reconnaître quelques-unes sans questionner Robur. Après Montréal, vers une heure et demie du soir, ils passèrent sur Ottawa, dont les chutes, vues de haut, ressemblaient à une vaste chaudière en ébullition qui débordait en bouillonnements de l'effet le plus grandiose.

« Voilà le palais du Parlement, » dit Phil Evans.

Et il montrait une sorte de joujou de Nuremberg, planté sur une colline. Ce joujou, avec son architecture polychrome, ressemblait au Parliament-House de Londres, comme la cathédrale de Montréal ressemblait à Saint-Pierre de Rome. Mais peu importait, il n'était pas contestable que ce fût Ottawa.

Bientôt cette cité ne tarda pas à se rapetisser à l'horizon et ne forma plus qu'une tache lumineuse sur le sol.

Il était deux heures à peu près, lorsque Robur reparut. Son contremaître, Tom Turner, l'accompagnait. Il ne lui dit que trois mots. Celui-ci les transmit aux deux aides, postés dans les roufles de l'avant et de l'arrière. Sur un signe, le timonier modifia la direction de l'*Albatros*, de manière à porter de deux degrés au sud-ouest. En même temps, Uncle Prudent et Phil Evans purent constater qu'une vitesse plus grande venait d'être imprimée aux propulseurs de l'aéronef.

En réalité, cette vitesse aurait pu être doublée encore et dépasser tout ce qu'on a obtenu jusqu'ici des plus rapides engins de locomotion terrestre.

Qu'on en juge! Les torpilleurs peuvent faire vingt-deux nœuds ou quarante kilomètres à l'heure; les trains sur les railways anglais et français, cent; les bateaux à patins sur les rivières glacées des États-Unis, cent quinze; une machine, construite dans les ateliers de Patterson, à roue d'engrenage, en a fait cent trente sur la ligne du lac Érié, et une autre locomotive, entre Trenton et Jersey, cent trente-sept.

Or, l'*Albatros*, avec le maximum de puissance de ses propulseurs, pouvait se lancer à raison de deux cents kilomètres à l'heure, soit près de cinquante mètres par seconde.

Eh bien, cette vitesse est celle de l'ouragan qui déracine les arbres, celle d'un certain coup de vent qui, pendant l'orage du 21 septembre 1881, à Cahors, se déplaça à raison de cent quatre-vingt-quatorze kilomètres. C'est la vitesse moyenne du pigeon voyageur, laquelle n'est dépassée que par le vol de l'hirondelle ordinaire (67 mètres à la seconde), et par celui du martinet (89 mètres).

En un mot, ainsi que l'avait dit Robur, l'*Albatros*, en développant toute la force de ses hélices, eût pu faire le tour du monde en deux cents heures, c'est-à-dire en moins de huit jours!

Que le globe possédât à cette époque quatre cent cinquante mille kilomètres de voies ferrées — soit onze fois le tour de la terre à l'Équateur — peu lui importait, à cette machine volante? N'avait-elle pas pour point d'appui tout l'air de l'espace?

Est-il besoin de l'ajouter, maintenant? Ce phénomène dont l'apparition

QUESTIONS SANS RÉPONSES.

avait tant intrigué le public des deux mondes, c'était l'aéronef de l'ingénieur. Cette trompette qui jetait ses éclatantes fanfares au milieu des airs, c'était celle du contremaître Tom Turner. Ce pavillon, planté sur les principaux monuments de l'Europe, de l'Asie et de l'Amérique, c'était le pavillon de Robur-le-Conquérant et de son *Albatros*.

Et si, jusqu'alors, l'ingénieur avait pris quelques précautions pour qu'on ne le reconnût pas, si, de préférence, il voyageait la nuit en s'éclairant parfois de ses fanaux électriques, si, pendant le jour, il disparaissait au-dessus de la couche des nuages, il semblait maintenant ne plus vouloir cacher le secret de sa conquête. Et, s'il était venu à Philadelphie, s'il s'était présenté dans la salle des séances du Weldon-Institute, n'était-ce pas pour faire part de sa prodigieuse découverte, pour convaincre *ipso facto* les plus incrédules?

On sait comment il avait été reçu, et l'on verra quelles représailles il prétendait exercer sur le président et le secrétaire dudit club.

Cependant Robur s'était approché des deux collègues. Ceux-ci affectaient absolument de ne marquer aucune surprise de ce qu'ils voyaient, de ce qu'ils expérimentaient malgré eux. Évidemment, sous le crâne de ces deux têtes anglo-saxonnes s'incrustait un entêtement qui serait dur à déraciner.

De son côté, Robur ne voulut pas même avoir l'air de s'en apercevoir, et, comme s'il eût continué une conversation, qui pourtant était interrompue depuis plus de deux heures :

« Messieurs, dit-il, vous vous demandez, sans doute, si cet appareil, merveilleusement approprié pour la locomotion aérienne, est susceptible de recevoir une plus grande vitesse? Il ne serait pas digne de conquérir l'espace s'il était incapable de le dévorer. J'ai voulu que l'air fût pour moi un point d'appui solide, et il l'est. J'ai compris que, pour lutter contre le vent, il n'y avait tout simplement qu'à être plus fort que lui, et je suis plus fort. Nul besoin de voiles pour m'entraîner, ni de rames ni de roues pour me pousser, ni de rails pour me faire un chemin plus rapide. De l'air, et c'est tout. De l'air qui m'entoure ainsi que l'eau entoure le bateau sous-marin, et dans lequel mes propulseurs se vissent comme les hélices d'un steamer. Voilà comment j'ai résolu le problème de l'aviation. Voilà ce que ne fera jamais le ballon ni tout autre appareil plus léger que l'air. »

Mutisme absolu des deux collègues — ce qui ne déconcerta pas un instant l'ingénieur. Il se contenta de sourire à demi et reprit sous forme interrogative :

« Peut-être vous demandez-vous encore si, à ce pouvoir qu'il a de se déplacer horizontalement, l'*Albatros* joint une égale puissance de déplacement vertical, en un mot, si, même quand il s'agit de visiter les hautes zones de l'atmosphère, il peut lutter avec un aérostat ? Eh bien, je ne vous engage pas à faire entrer le *Go a head* en lutte avec lui. »

Les deux collègues avaient tout bonnement haussé les épaules. C'est là, peut-être, qu'ils attendaient l'ingénieur.

Robur fit un signe. Les hélices propulsives s'arrêtèrent aussitôt. Puis, après avoir couru sur son erre pendant un mille encore, l'*Albatros* demeura immobile.

Sur un second geste de Robur, les hélices suspensives se mûrent alors avec une rapidité telle qu'on aurait pu la comparer à celle des sirènes dans les expériences d'acoustique. Leur frrr monta de près d'une octave dans l'échelle des sons, en diminuant d'intensité toutefois à cause de la raréfaction de l'air, et l'appareil s'enleva verticalement comme une alouette qui jette son cri aigu à travers l'espace.

« Mon maître !... Mon maître !... répétait Frycollin. Pourvu que ça ne casse pas ! »

Un sourire de dédain fut toute la réponse de Robur. En quelques minutes, l'*Albatros* eut atteint deux mille sept cents mètres, ce qui étendait le rayon de vue à soixante-dix milles, — puis quatre mille mètres, ce qu'indiqua le baromètre en tombant à 480 millimètres.

Alors, expérience faite, l'*Albatros* redescendit. La diminution de la pression des hautes couches amène la diminution de l'oxygène dans l'air et, par suite, dans le sang. C'est la cause des graves accidents qui sont arrivés à certains aéronautes. Robur jugeait inutile de s'y exposer.

L'*Albatros* revint donc à la hauteur qu'il semblait tenir de préférence, et ses propulseurs, remis en marche, l'entraînèrent avec une rapidité plus grande vers le sud-ouest.

« Maintenant, messieurs, si c'est cela que vous vous demandiez, dit l'ingénieur, vous pourrez vous répondre. »

Puis, se penchant au-dessus de la rambarde, il resta absorbé dans sa contemplation.

Lorsqu'il releva la tête, le président et le secrétaire du Weldon-Institute étaient devant lui.

« Ingénieur Robur, dit Uncle Prudent, qui essayait en vain de se maîtriser, nous ne nous sommes rien demandé de ce que vous paraissez croire. Mais nous vous ferons une question à laquelle nous comptons que vous voudrez bien répondre.

— Parlez.

— De quel droit nous avez-vous attaqués à Philadelphie, dans le parc de Fairmont? De quel droit nous avez-vous enfermés dans cette cellule? De quel droit nous emportez-vous, contre notre gré, à bord de cette machine volante?

— Et de quel droit, messieurs les ballonistes, répartit Robur, de quel droit m'avez-vous insulté, hué, menacé, dans votre club, au point que je m'étonne d'en être sorti vivant?

— Interroger n'est pas répondre, reprit Phil Evans, et je vous répète : de quel droit?...

— Vous voulez le savoir?...

— S'il vous plaît.

— Eh bien, du droit du plus fort!

— C'est cynique!

— Mais cela est!

— Et pendant combien de temps, citoyen ingénieur, demanda Uncle Prudent, qui éclata à la fin, pendant combien de temps avez-vous la prétention d'exercer ce droit?

— Comment, messieurs, répondit ironiquement Robur, comment pouvez-vous me faire une question pareille, quand vous n'avez qu'à baisser vos regards pour jouir d'un spectacle sans pareil au monde! »

L'*Albatros* se mirait alors dans l'immense glace du lac Ontario. Il venait de traverser le pays si poétiquement chanté par Cooper. Puis, il suivit la côte méridionale de ce vaste bassin et se dirigea vers la célèbre rivière qui lui verse les eaux du lac Érié, en les brisant sur ses cataractes.

Pendant un instant, un bruit majestueux, un grondement de tempête monta jusqu'à lui. Et, comme si quelque brume humide eût été projetée dans les airs, l'atmosphère se rafraîchit très sensiblement.

Au-dessous, en fer à cheval, se précipitaient des masses liquides. On eût dit une énorme coulée de cristal, au milieu des mille arcs-en-ciel que produisait la réfraction, en décomposant les rayons solaires. C'était d'un aspect sublime.

Devant ces chutes, une passerelle, tendue comme un fil, reliait une rive à l'autre. Un peu au-dessous, à trois milles, était jeté un pont suspendu, sur lequel rampait alors un train qui allait de la rive canadienne à la rive américaine.

« Les cataractes du Niagara! » s'écria Phil Evans.

Et ce cri lui échappa, tandis que Uncle Prudent faisait tous ses efforts pour ne rien admirer de ces merveilles.

Une minute après, l'*Albatros* avait franchi la rivière qui sépare les États-Unis de la colonie canadienne, et il se lançait au-dessus des vastes territoires du Nord-Amérique.

VIII

OU L'ON VERRA QUE ROBUR SE DÉCIDE A RÉPONDRE A L'IMPORTANTE
QUESTION QUI LUI EST POSÉE.

C'était dans une des cabines du rouffe de l'arrière que Uncle Prudent et Phil Evans avaient trouvé deux excellentes couchettes, du linge et des habits de rechange en suffisante quantité, des manteaux et des couvertures de voyage. Un Transatlantique ne leur eût point offert plus de confort. S'ils ne dormirent pas tout d'un somme, c'est qu'ils le voulurent bien, ou du moins que de très réelles inquiétudes les en empêchèrent. En quelle aventure étaient-ils embarqués? A quelle série d'expériences avaient-ils été invités *inviti*, si l'on permet ce rapprochement de mots français et latin? Comment l'affaire se terminerait-elle, et, au fond, que voulait l'ingénieur Robur? Il y avait là de quoi donner à réfléchir.

Quant au valet Frycollin, il était logé, à l'avant, dans une cabine contiguë à celle du maître coq de l'*Albatros*. Ce voisinage ne pouvait lui déplaire. Il aimait à frayer avec les grands de ce monde. Mais, s'il finit par s'endormir, ce fut pour rêver de chutes successives, de projections à travers le vide, qui firent de son sommeil un abominable cauchemar.

Et, cependant, rien ne fut plus calme que cette pérégrination au milieu d'une atmosphère dont les courants s'étaient apaisés avec le soir. En dehors du bruissement des ailes d'hélice, pas un bruit dans cette zone. Parfois, un coup de sifflet que lançait quelque locomotive terrestre en courant les rails-roads, ou des hurlements d'animaux domestiques. Singulier instinct! ces êtres terrestres sentaient la machine volante passer au-dessus d'eux et jetaient des cris d'épouvante à son passage.

Le lendemain, 14 juin, à cinq heures, Uncle Prudent et Phil Evans se pro-

On eût dit une énorme coulée. (Page 74.)

menaient sur la plate-forme, on pourrait dire sur le pont de l'aéronef. Rien de changé depuis la veille : l'homme de garde à l'avant, le timonier à l'arrière.

Pourquoi un homme de garde? Y avait-il donc quelque choc à redouter avec un appareil de même sorte? Non, évidemment: Robur n'avait pas encore trouvé d'imitateurs. Quant à rencontrer quelque aérostat planant dans les airs, cette chance était tellement minime qu'il était permis de n'en point

La traversée des Montagnes-Rocheuses. (Page 84.)

tenir compte. En tout cas, c'eût été tant pis pour l'aérostat — le pot de fer et le pot de terre. L'*Albatros* n'aurait rien eu à craindre d'une semblable collision.

Mais, enfin, pouvait-elle se produire? Oui! Il n'était pas impossible que l'aéronef se mît à la côte comme un navire, si quelque montagne, qu'il n'eût pu tourner ou dépasser, eût barré sa route. C'étaient là les écueils de l'air, et il devait les éviter comme un bâtiment évite des écueils de la mer.

L'ingénieur, il est vrai, avait donné la direction ainsi que fait un capitaine, en tenant compte de l'altitude nécessaire pour dominer les hauts sommets du territoire. Or, comme l'aéronef ne devait pas tarder à planer sur un pays de montagnes, il n'était que prudent de veiller, pour le cas où il aurait quelque peu dévié de sa route.

En observant la contrée placée au-dessous d'eux, Uncle Prudent et Phil Evans aperçurent un vaste lac dont l'*Albatros* allait atteindre la pointe inférieure vers le sud. Ils en conclurent que, pendant la nuit, l'Érié avait été dépassé sur toute sa longueur. Donc, puisqu'il marchait plus directement à l'ouest, l'aéronef devait alors remonter l'extrémité du lac Michigan.

« Pas de doute possible ! dit Phil Evans. Cet ensemble de toits à l'horizon, c'est Chicago ! »

Il ne se trompait pas. C'était bien la cité vers laquelle rayonnent dix-sept railways, la reine de l'Ouest, le vaste réservoir dans lequel affluent les produits de l'Indiana, de l'Ohio, du Wisconsin, du Missouri, de toutes ces provinces qui forment la partie occidentale de l'Union.

Uncle Prudent, armé d'une excellente lorgnette marine qu'il avait trouvée dans son rouffle, reconnut aisément les principaux édifices de la ville. Son collègue put lui indiquer les églises, les édifices publics, les nombreux « élévators » ou greniers mécaniques, l'immense hôtel Sherman, semblable à un gros dé à jouer, dont les fenêtres figuraient des centaines de points sur chacune de ses faces.

« Puisque c'est Chicago, dit Uncle Prudent, cela prouve que nous sommes emportés un peu plus à l'ouest qu'il ne conviendrait pour revenir à notre point de départ. »

En effet, l'*Albatros* s'éloignait en droite ligne de la capitale de la Pensylvanie.

Mais, si Uncle Prudent eût voulu mettre Robur en demeure de les ramener vers l'est, il ne l'aurait pu en ce moment. Ce matin-là, l'ingénieur ne semblait pas pressé de quitter sa cabine, soit qu'il y fût occupé de quelques travaux, soit qu'il y dormît encore. Les deux collègues durent donc déjeuner sans l'avoir aperçu.

La vitesse ne s'était pas modifiée depuis la veille. Étant donnée la direction du vent qui soufflait de l'est, cette vitesse n'était pas gênante, et, comme le thermomètre ne baisse que d'un degré par cent soixante-dix mètres d'élévation, la température était très supportable. Aussi, tout en réfléchissant, en causant, en attendant l'ingénieur, Uncle Prudent et Phil Evans se promenaient-ils sous ce qu'on pourrait appeler la ramure des hélices, entraînées alors dans un mouvement giratoire tel que le rayonnement de leurs branches se fondait en un disque semi-diaphane.

L'état d'Illinois fut ainsi franchi sur sa frontière septentrionale en moins de deux heures et demie. On passa au-dessus du Père des Eaux, le Mississipi, dont les steam-boats à deux étages ne paraissaient pas plus grands que des canots. Puis, l'*Albatros* se lança sur l'Iowa, après avoir entrevu Iowa-City vers onze heures du matin.

Quelques chaînes de collines, des « bluffs », serpentaient à travers ce territoire, en obliquant du sud au nord-ouest. Leur médiocre altitude n'exigea aucun relèvement de l'aéronef. D'ailleurs, ces bluffs ne devaient pas tarder à s'abaisser pour faire place aux larges plaines de l'Iowa, étendues sur toute sa partie occidentale et sur le Nebraska, — prairies immenses qui se développent jusqu'au pied des Montagnes Rocheuses. Çà et là, nombreux rios, affluents ou sous-affluents du Missouri. Sur leurs rives, villes et villages, d'autant plus rares que l'*Albatros* s'avançait plus rapidement au-dessus du Far-West.

Rien de particulier ne se produisit pendant cette journée. Uncle Prudent et Phil Evans furent absolument livrés à eux-mêmes. C'est à peine s'ils aperçurent Frycollin, étendu à l'avant, fermant les yeux pour ne rien voir. Et cependant, il n'était pas en proie au vertige, comme on pourrait le penser. Faute de repères, ce vertige n'aurait pu se manifester ainsi qu'il arrive au sommet d'un édifice élevé. L'abîme n'attire pas quand on le domine de la nacelle d'un ballon ou de la plate-forme d'un aéronef, ou, plutôt, ce n'est pas un abîme qui se creuse au-dessous de l'aéronaute, c'est l'horizon qui monte et l'entoure de toutes parts.

A deux heures, l'*Albatros* passait au-dessus d'Omaha, sur la frontière du

Nebraska, — Omaha-City, véritable tête de ligne de ce chemin de fer du Pacifique, longue traînée de rails de quinze cents lieues, tracée entre New-York et San-Francisco. Un moment, on put voir les eaux jaunâtres du Missouri, puis la ville, aux maisons de bois et de briques, posée au centre de ce riche bassin, comme une boucle à la ceinture de fer qui serre l'Amérique du Nord à sa taille. Sans doute aussi, pendant que les passagers de l'aéronef observaient tous ces détails, les habitants d'Omaha devaient apercevoir l'étrange appareil. Mais leur étonnement à le voir planer dans les airs ne pouvait être plus grand que celui du président et du secrétaire du Weldon-Institute de se trouver à son bord.

En tout cas, c'était là un fait que les journaux de l'Union allaient commenter. Ce serait l'explication de l'étonnant phénomène dont le monde entier s'occupait et se préoccupait depuis quelque temps.

Une heure après, l'*Albatros* avait dépassé Omaha. Il fut alors constant qu'il se relevait vers l'est, en s'écartant de la Platte-River dont la vallée est suivie par le Pacifique-railway à travers la Prairie. Cela n'était pas pour satisfaire Uncle Prudent et Phil Evans.

« C'est donc sérieux, cet absurde projet de nous emmener aux antipodes? dit l'un.

— Et malgré nous? répondit l'autre. Ah! que ce Robur y prenne garde! Je ne suis pas homme à le laisser faire!...

— Ni moi! répliqua Phil Evans. Mais, croyez-moi, Uncle Prudent, tâchez de vous modérer...

— Me modérer!...

— Et gardez votre colère pour le moment où il sera opportun qu'elle éclate. »

Vers cinq heures, après avoir franchi les Montagnes-Noires, couvertes de sapins et de cèdres, l'*Albatros* volait au-dessus de ce territoire qu'on a justement appelé les Mauvaises-Terres du Nébraska, — un chaos de collines couleur d'ocre, de morceaux de montagnes qu'on aurait laissées tomber sur le sol et qui se seraient brisées dans leur chute. De loin, ces blocs prenaient les formes les plus fantaisistes. Ça et là, au milieu de cet énorme jeu d'osselets, on entrevoyait des ruines de cités du moyen âge avec forts, donjons, châteaux à machicoulis et à poivrières. Mais, en réalité, ces Mauvaises-Terres ne sont qu'un ossuaire immense où blanchissent, par myriades, les débris de pachydermes, de chéloniens, et même, dit-on, d'hommes fossiles, entraînés par quelque cataclysme inconnu des premiers âges.

Lorsque le soir vint, tout ce bassin de la Platte-River était dépassé. Maintenant la plaine se développait jusqu'aux extrêmes limites d'un horizon très relevé par l'altitude de l'*Albatros*.

Pendant la nuit, ce ne furent plus des sifflets aigus de locomotives, ni des sifflets graves de steam-boats qui troublèrent le calme du firmament étoilé. De longs mugissements montaient parfois jusqu'à l'aéronef, alors plus rapproché du sol. C'étaient des troupeaux de bisons qui traversaient la prairie, en quête de ruisseaux et de pâturages. Et, quand ils se taisaient, le froissement des herbes, sous leurs pieds, produisait un sourd bruissement, semblable au roulement d'une inondation et très différent du frémissement continu des hélices.

Puis, de temps à autre, un hurlement de loup, de renard ou de chat sauvage, un hurlement de coyotte, ce *canis latrans*, dont le nom est bien justifié par ses aboiements sonores.

Et, aussi, des odeurs pénétrantes, la menthe, la sauge et l'absinthe, mêlées aux senteurs puissantes des conifères qui se propageaient à travers l'air pur de la nuit.

Enfin, pour noter tous les bruits venus du sol, un sinistre aboiement qui, cette fois, n'était pas celui des coyottes ; c'était le cri du Peau-Rouge qu'un pionnier n'eût pu confondre avec le cri des fauves.

Le lendemain, 15 juin, vers cinq heures du matin, Phil Evans quitta sa cabine. Peut-être, ce jour-là, se trouverait-il en face de l'ingénieur Robur?

En tout cas, désireux de savoir pourquoi il n'avait pas paru la veille, il s'adressa au contremaître Tom Turner.

Tom Turner, d'origine anglaise, âgé de quarante-cinq ans environ, large de buste, trapu de membres, charpenté en fer, avait une de ces têtes énormes et caractéristiques, à la Hogarth, telles que ce peintre de toutes les laideurs saxonnes en a tracé du bout de son pinceau. Si l'on veut bien examiner la planche quatre du *Harlots Progress*, on y trouvera la tête de Tom Turner sur les épaules du gardien de la prison, et on reconnaîtra que sa physionomie n'a rien d'encourageant.

« Aujourd'hui verrons-nous l'ingénieur Robur? dit Phil Evans.

— Je ne sais, répondit Tom Turner.

— Je ne vous demande pas s'il est sorti.

— Peut-être.

— Ni quand il rentrera.

— Apparemment, quand il aura fini ses courses! »

Et, là-dessus, Tom Turner rentra dans son roufle.

Il fallut se contenter de cette réponse, d'autant moins rassurante que, vérification faite de la boussole, il fut constant que l'*Albatros* continuait à remonter dans le nord-ouest.

Quel contraste, alors, entre cet aride territoire des Mauvaises-Terres, abandonné avec la nuit, et le paysage qui se déroulait actuellement à la surface du sol.

L'aéronef, après avoir franchi mille kilomètres depuis Omaha, se trouvait au-dessus d'une contrée que Phil Evans ne pouvait reconnaître par cette raison qu'il ne l'avait jamais visitée. Quelques forts, destinés à contenir les Indiens, couronnaient les bluffs de leurs lignes géométriques, plutôt formées par des palissades que par des murs. Peu de villages, peu d'habitants en ce pays si différent des territoires aurifères du Colorado, situés à plusieurs degrés au sud.

Au loin commençait à se profiler, très confusément encore, une suite de crètes que le soleil levant bordait d'un trait de feu.

C'étaient les Montagnes-Rocheuses.

Tout d'abord, ce matin-là, Uncle Prudent et Phil Evans furent saisis par un froid vif. Cet abaissement de la température n'était point dû à une modification du temps, et le soleil brillait d'un éclat superbe.

« Cela doit tenir à l'élévation de l'*Albatros* dans l'atmosphère, » dit Phil Evans.

En effet, le baromètre, placé extérieurement à la porte du rouffe central, était tombé à cinq cent quarante millimètres — ce qui indiquait une élévation de trois mille mètres environ. L'aéronef se tenait donc alors à une assez grande altitude, nécessitée par les accidents du sol.

D'ailleurs, une heure avant, il avait dû dépasser la hauteur de quatre mille mètres, car, derrière lui, se dressaient des montagnes que couvrait une neige éternelle.

Dans leur mémoire, rien ne pouvait rappeler à Uncle Prudent ni à son compagnon quel était ce pays. Pendant la nuit, l'*Albatros* avait pu faire des écarts, nord et sud, avec une vitesse excessive, et cela suffisait pour les dérouter.

Toutefois, après avoir discuté diverses hypothèses plus ou moins plausibles, ils s'arrêtèrent à celle-ci : ce territoire, encadré dans un cirque de montagnes, devait être celui qu'un acte du congrès, en mars 1872, avait déclaré Parc National des États-Unis.

C'était en effet cette région si curieuse. Elle méritait bien le nom de parc — un parc avec des montagnes pour collines, des lacs pour étangs, des rivières pour ruisseaux, des cirques pour labyrinthes, et, pour jets d'eau, des geysers d'une merveilleuse puissance.

En quelques minutes, l'*Albatros* se glissa au-dessus de la Yellowstone-river, laissant le mont Stevenson sur la droite, et il aborda le grand lac qui porte le nom de ce cours d'eau. Quelle variété dans le tracé des rives de ce bassin, dont les plages, semées d'obsidienne et de petits cristaux, réfléchissent le soleil par leurs milliers de facettes ! Quel caprice dans la disposition des îles qui apparaissent à sa surface ! Quel reflet d'azur projeté par ce gigantesque miroir ! Et autour de ce lac, l'un des plus élevés du globe terrestre, quelles nuées de volatiles, pélicans, cygnes, mouettes, oies, barnaches et plongeons ! Certaines portions de rives, très escarpées, sont revêtues d'une toison d'arbres verts, pins et mélèzes, et, du pied de ces escarpements, jaillissent d'innombrables fumerolles blanches. C'est la vapeur qui s'échappe de ce sol, comme d'un énorme récipient, dans lequel l'eau est entretenue par les feux intérieurs à l'état d'ébullition permanente.

Pour le maître-coq, c'eût été ou jamais le cas de faire une ample provision de truites, le seul poisson que les eaux du lac Yellowstone nourrissent par myriades. Mais l'*Albatros* se tint toujours à une telle hauteur que l'occasion ne se présenta pas d'entreprendre une pêche, qui, très certainement, aurait été miraculeuse.

Au surplus, en trois quarts d'heure, le lac fut franchi, et, un peu plus loin, la région de ces geysers qui rivalisent avec les plus beaux de l'Islande. Penchés au-dessus de la plate-forme, Uncle Prudent et Phil Evans observaient les colonnes liquides qui s'élançaient comme pour fournir à l'aéronef un élément nouveau. C'étaient « l'Éventail » dont les jets se disposent en lamelles rayonnantes, le « Château fort », qui semble se défendre à coups de trombes, le « Vieux fidèle » avec sa projection couronnée d'arcs-en-ciel, le « Géant », dont la poussée interne vomit un torrent vertical d'une circonférence de vingt pieds, à plus de deux cents pieds d'altitude.

Ce spectacle incomparable, on peut dire unique au monde, Robur en connaissait sans doute toutes les merveilles, car il ne parut pas sur la plate-forme. Était-ce donc pour le seul plaisir de ses hôtes qu'il avait lancé l'aéronef au-dessus de ce domaine national? Quoi qu'il en soit, il s'abstint de venir chercher leurs remerciements. Il ne se dérangea même pas pendant l'audacieuse traversée des Montagnes-Rocheuses, que l'*Albatros* aborda vers sept heures du matin.

On sait que cette disposition orographique s'étend, comme une énorme épine dorsale, depuis les reins jusqu'au cou de l'Amérique septentrionale, en prolongeant les Andes mexicaines. C'est un développement de trois mille cinq cents kilomètres que domine le pic James, dont la cime atteint presque douze mille pieds.

Certainement, en multipliant ses coups d'ailes, comme un oiseau de haut vol, l'*Albatros* aurait pu franchir les cimes les plus élevées de cette chaîne pour aller retomber d'un bond dans l'Orégon ou dans l'Utah. Mais la manœuvre ne fut pas même nécessaire. Des passes existent qui permettent de traverser cette barrière sans en gravir la crête. Il y a plusieurs de ces « cañons », sortes de cols, plus ou moins étroits, à travers lesquels on peut se glisser, — les uns tels que la passe Bridger que prend le railway du Pacifique pour pénétrer sur le territoire des Mormons, les autres qui s'ouvrent plus au nord ou plus au sud.

Ce fut à travers un de ces cañons que l'*Albatros* s'engagea, après avoir modéré sa vitesse, afin de ne point se heurter contre les parois du col. Le timonier, avec une sûreté de main que rendait plus efficace encore l'extrême sensibilité du gouvernail, le manœuvra comme il eût fait d'une embarcation de premier ordre dans un match du Royal Thames Club. Ce fut vraiment extraordinaire. Et, quelque dépit qu'en ressentissent les deux ennemis du « Plus lourd que l'air », ils ne purent qu'être émerveillés de la perfection d'un tel engin de locomotion aérienne.

En moins de deux heures et demie, la grande chaîne fut traversée, et l'*Albatros* reprit sa première vitesse à raison de cent kilomètres. Il repiquait alors vers le sud-ouest, de manière à couper obliquement le territoire de l'Utah en se rapprochant du sol. Il était même descendu à quelques centaines de mètres, lorsque des coups de sifflet attirèrent l'attention d'Uncle Prudent et de Phil Evans.

C'était un train du Pacific-Railway qui se dirigeait vers la ville du Grand-Lac-Salé.

En ce moment, obéissant à un ordre secrètement donné, l'*Albatros* s'abaissa encore, de manière à suivre le convoi lancé à toute vapeur. Il fut aussitôt aperçu. Quelques têtes se montrèrent aux portières des wagons. Puis, de nombreux voyageurs encombrèrent ces passerelles qui raccordent les « cars » américains. Quelques-uns même n'hésitèrent pas à grimper sur les impériales, afin de mieux voir cette machine volante. Hips et hurrahs coururent à travers l'espace; mais ils n'eurent pas pour résultat de faire apparaître Robur.

L'*Albatros* descendit encore, en modérant le jeu de ses hélices suspensives, et ralentit sa marche pour ne pas laisser en arrière le convoi qu'il eût pu si facilement distancer. Il voletait au-dessus comme un énorme scarabée, lui qui aurait pu être un gigantesque oiseau de proie. Il faisait des embardées à droite et à gauche, il s'élançait en avant, il revenait sur lui-même, et, fièrement, il avait arboré son pavillon noir à soleil d'or, auquel le chef du train répondit en agitant l'étamine aux trente-sept étoiles de l'Union Américaine.

En vain les deux prisonniers voulurent-ils profiter de l'occasion qui leur était offerte de faire connaître ce qu'ils étaient devenus. En vain le président du Weldon-Institute cria t-il d'une voix forte :

« Je suis Uncle Prudent de Philadelphie ! »

Et le secrétaire :

« Je suis Phil Evans, son collègue ! »

Leurs cris se perdirent dans les milliers de hurrahs dont les voyageurs saluaient leur passage.

Cependant, trois ou quatre des gens de l'aéronef avaient paru sur la plate-forme. Puis l'un d'eux, comme font les marins qui dépassent un navire moins rapide que le leur, tendit au train un bout de corde — façon ironique de lui offrir une remorque.

L'*Albatros* reprit aussitôt sa marche habituelle, et, en une demi-heure, il eut laissé en arrière cet express, dont la dernière vapeur ne tarda pas à disparaître.

Vers une heure après-midi, apparut un vaste disque qui renvoyait les rayons solaires, ainsi que l'eût fait un immense réflecteur.

« Ce doit être la capitale des Mormons, Salt-Lake-City ! » dit Uncle Prudent.

C'était, en effet, la cité du Grand-Lac-Salé, et, ce disque, c'était le toit rond du Tabernacle, où dix mille Saints peuvent tenir à l'aise. Comme un miroir convexe, il dispersait les rayons du soleil en toutes les directions.

Là s'étendait la grande cité, au pied des monts Wasatsh revêtus de cèdres et de sapins jusqu'à mi-flanc, sur la rive de ce Jourdain qui déverse les eaux de l'Utah dans le Great-Salt-Lake. Sous l'aéronef se développait le damier que figurent la plupart des villes américaines, — damier dont on peut dire qu'il a « plus de dames que de cases, » puisque la polygamie est si en faveur chez les Mormons. Tout autour, un pays bien aménagé, bien cultivé, riche en textiles, dans lequel les troupeaux de moutons se comptent par milliers.

Mais cet ensemble s'évanouit comme une ombre, et l'*Albatros* prit vers le sud-ouest une vitesse plus accélérée qui ne laissa pas d'être très sensible, puisqu'elle dépassait celle du vent.

Bientôt l'aéronef s'envola au-dessus des régions du Nevada et de son territoire argentifère, que la Sierra seule sépare des placers aurifères de la Californie.

« Décidément, dit Phil Evans, nous devons nous attendre à voir San Francisco avant la nuit !

— Et après ?... » répondit Uncle Prudent.

Il était six heures du soir, lorsque la Sierra Nevada fut franchie précisément par le col de Truckie qui sert de passe au railway. Il ne restait plus que trois cents kilomètres à parcourir pour atteindre, sinon San-Francisco, du moins Sacramento, la capitale de l'État californien.

Telle fut alors la rapidité imprimée à l'*Albatros*, que, avant huit heures, le dôme du Capitole pointait à l'horizon de l'ouest pour disparaître bientôt à l'horizon opposé.

En cet instant, Robur se montra sur la plate-forme. Les deux collègues allèrent à lui.

« Ingénieur Robur, dit Uncle Prudent, nous voilà aux confins de l'Amérique ! Nous pensons que cette plaisanterie va cesser...

— Je ne plaisante jamais, » répondit Robur.

Il fit un signe. L'*Albatros* s'abaissa rapidement vers le sol ; mais, en même temps, il prit une telle vitesse qu'il fallut se réfugier dans les roufles.

A peine la porte de leur cabine s'était-elle refermée sur les deux collègues :

« Un peu plus, je l'étranglais ! dit Uncle Prudent.

— Il faudra tenter de fuir ! répondit Phil Evans.

— Oui !... coûte que coûte ! »

Un long murmure arriva alors jusqu'à eux.

C'était le grondement de la mer qui se brisait sur les roches du littoral. C'était l'Océan Pacifique.

L'un deux tendit au train un bout de corde. (Page 86.)

IX

DANS LEQUEL L'ALBATROS FRANCHIT PRÈS DE DIX MILLE KILOMÈTRES,
QUI SE TERMINENT PAR UN BOND PRODIGIEUX.

Uncle Prudent et Phil Evans étaient bien résolus à fuir. S'ils n'avaient eu

UN BOND PRODIGIEUX. 89

L'aéronef fut entraîné jusqu'à la surface des eaux. (Page 94.)

affaire aux huit hommes particulièrement vigoureux qui composaient le personnel de l'aéronef, peut-être eussent-ils tenté la lutte. Un coup d'audace aurait pu les rendre maîtres à bord et leur permettre de redescendre sur quelque point des États-Unis. Mais à deux, — Frycollin ne devant être considéré que comme une quantité négligeable, — il n'y fallait pas songer. Donc, puisque la force ne pouvait être employée, il conviendrait de recourir à la ruse, dès que l'*Albatros* prendrait terre. C'est ce que Phil Evans essaya de faire comprendre

12

à son irascible collègue, dont il craignait toujours quelque violence prématurée qui eût aggravé la situation.

En tout cas, ce n'était pas le moment. L'aéronef filait à toute vitesse au-dessus du Pacifique-Nord. Le lendemain matin, 16 juin, on ne voyait plus rien de la côte. Or, comme le littoral s'arrondit depuis l'île de Vancouver jusqu'au groupe des Aléoutiennes, — portion de l'Amérique russe cédée aux États-Unis en 1867, — très vraisemblablement l'*Albatros* le croiserait à son extrême courbure, si sa direction ne se modifiait pas.

Combien les nuits paraissaient longues aux deux collègues ! Aussi avaient-ils toujours hâte de quitter leur cabine. Ce matin-là, lorsqu'ils vinrent sur le pont, depuis plusieurs heures déjà l'aube avait blanchi l'horizon de l'est. On approchait du solstice de juin, le plus long jour de l'année dans l'hémisphère boréal, et, sous le soixantième parallèle, c'est à peine s'il faisait nuit.

Quant à l'ingénieur Robur, par habitude ou avec intention, il ne se pressait pas de sortir de son rouffle. Ce jour-là, lorsqu'il le quitta, il se contenta de saluer ses deux hôtes, au moment où il se croisait avec eux à l'arrière de l'aéronef.

Cependant, les yeux rougis par l'insomnie, le regard hébété, les jambes flageolantes, Frycollin s'était hasardé hors de sa cabine. Il marchait comme un homme dont le pied sent que le terrain n'est pas solide. Son premier regard fut pour l'appareil suspenseur qui fonctionnait avec une régularité rassurante, sans trop se hâter.

Cela fait, le nègre, toujours titubant, se dirigea vers la rambarde et la saisit à deux mains, afin de mieux assurer son équilibre. Visiblement, il désirait prendre un aperçu du pays que l'*Albatros* dominait de deux cents mètres au plus.

Frycollin avait dû se monter beaucoup pour risquer une pareille tentative. Il lui fallait de l'audace, à coup sûr, puisqu'il soumettait sa personne à une telle épreuve.

D'abord, Frycollin se tint le corps renversé en arrière devant la rambarde ; puis il la secoua pour en reconnaître la solidité ; puis il se redressa ; puis il se courba en avant ; puis il porta la tête en dehors. Inutile de dire que, pen-

UN BOND PRODIGIEUX. 91

dant qu'il exécutait ces mouvements divers, il avait les yeux fermés. Il les ouvrit enfin.

Quel cri! Et comme il se retira vite! Et de combien la tête lui rentra dans les épaules!

Au fond de l'abîme, il avait vu l'immense Océan. Ses cheveux se seraient dressés sur son front, s'ils n'eussent été crépus.

« La mer!... la mer!... » s'écria-t-il.

Et Frycollin fût tombé sur la plate-forme, si le maître-coq n'eût ouvert les bras pour le recevoir.

Ce maître-coq était un Français, et peut-être un Gascon, bien qu'il se nommât François Tapage. S'il n'était pas Gascon, il avait dû humer les brises de la Garonne pendant son enfance. Comment ce François Tapage se trouvait-il au service de l'ingénieur? Par quelle suite de hasards faisait-il partie du personnel de l'*Albatros*? on ne sait guère. En tout cas, ce narquois parlait l'anglais comme un Yankee.

« Eh! droit donc, droit! s'écria-t-il en redressant le nègre d'un vigoureux coup dans les reins.

— Master Tapage!... répondit le pauvre diable, en jetant des regards désespérés vers les hélices.

— S'il te plaît, Frycollin!

— Est-ce que ça casse quelquefois?

— Non! mais ça finira par casser.

— Pourquoi?... pourquoi?...

— Parce que tout lasse, tout passe, tout casse, comme on dit dans mon pays.

— Et la mer qui est dessous!...

— En cas de chute, mieux vaut la mer.

— Mais on se noie!...

— On se noie, mais on ne s'é-cra-bou-ille pas! » répondit François Tapage, » en scandant chaque syllabe de sa phrase.

Un instant après, par un mouvement de reptation, Frycollin s'était glissé au fond de sa cabine.

Pendant cette journée du 16 juin, l'aéronef ne prit qu'une vitesse modérée. Il semblait raser la surface de cette mer si calme, tout imprégnée de soleil, qu'il dominait seulement d'une centaine de pieds.

A leur tour, Uncle Prudent et son compagnon étaient restés dans leur roufle, afin de ne point rencontrer Robur qui se promenait en fumant, tantôt seul, tantôt avec le contremaître Tom Turner. Il n'y avait qu'un demi-jeu d'hélices en fonction, et cela suffisait à maintenir l'appareil dans les basses zones de l'atmosphère.

En ces conditions, les gens de l'*Albatros* auraient pu se donner, avec le plaisir de la pêche, la satisfaction de varier leur ordinaire, si ces eaux du Pacifique eussent été poissonneuses. Mais, à sa surface, apparaissaient seulement quelques baleines, de cette espèce à ventre jaune qui mesure jusqu'à vingt-cinq mètres de longueur. Ce sont les plus redoutables cétacés des mers boréales. Les pêcheurs de profession se gardent bien de les attaquer, tant leur force est prodigieuse.

Cependant, en harponnant une de ces baleines, soit avec le harpon ordinaire, soit avec la fusée Flechter ou la javeline-bombe, dont il y avait un assortiment à bord, cette pêche aurait pu se faire sans danger.

Mais à quoi bon cet inutile massacre? Toutefois, et, sans doute, afin de montrer aux deux membres du Weldon-Institute ce qu'il pouvait obtenir de son aéronef, Robur voulut donner la chasse à l'un de ces monstrueux cétacés.

Au cri de « baleine! baleine! » Uncle Prudent et Phil Evans sortirent de leur cabine. Peut-être y avait-il quelque navire baleinier en vue... Dans ce cas, pour échapper à leur prison volante, tous deux eussent été capables de se précipiter à la mer, en comptant sur la chance d'être recueillis par une embarcation.

Déjà tout le personnel de l'*Albatros* était rangé sur la plate-forme. Il attendait.

« Ainsi, nous allons en tâter, master Robur? demanda le contremaître Turner.

— Oui, Tom, » répondit l'ingénieur.

Dans les roufles de la machinerie, le mécanicien et ses deux aides étaient à leur poste, prêts à exécuter les manœuvres qui seraient commandées par gestes. L'*Albatros* ne tarda pas à s'abaisser vers la mer, et il s'arrêta à une cinquantaine de pieds au-dessus.

Il n'y avait aucun navire au large — ce que purent constater les deux collègues — ni aucune terre en vue qu'ils auraient pu gagner à la nage, en admettant que Robur n'eût rien fait pour les ressaisir.

Plusieurs jets de vapeur et d'eau, lancés par leurs évents, annoncèrent bientôt la présence des baleines qui venaient respirer à la surface de la mer.

Tom Turner, aidé d'un de ses camarades, s'était placé à l'avant. A sa portée était une de ces javelines-bombes, de fabrication californienne, qui se lancent avec une arquebuse. C'est une espèce de cylindre de métal que termine une bombe cylindrique, armée d'une tige à pointe barbelée.

Du banc de quart de l'avant, sur lequel il venait de monter, Robur indiquait, de la main droite aux mécaniciens, de la main gauche au timonier, les manœuvres à faire. Il était ainsi maître de l'aéronef dans toutes les directions, horizontale et verticale. On ne saurait croire avec quelle rapidité, avec quelle précision, l'appareil obéissait à tous ses commandements. On eût dit d'un être organisé, dont l'ingénieur Robur était l'âme.

« Baleine !... Baleine ! » s'écria de nouveau Tom Turner.

En effet, le dos d'un cétacé émergeait à quatre encâblures en avant de l'*Albatros*.

L'*Albatros* courut dessus, et, quand il n'en fut plus qu'à une soixantaine de pieds, il s'arrêta.

Tom Turner avait épaulé son arquebuse qui reposait sur une fourche fichée dans la rambarde. Le coup partit, et le projectile, entraînant une longue corde dont l'extrémité se rattachait à la plate-forme, alla frapper le corps de la baleine. La bombe, remplie d'une matière fulminante, fit alors explosion, et, en éclatant, lança une sorte de petit harpon à deux branches, qui s'incrusta dans les chairs de l'animal.

« Attention ! » cria Turner.

Uncle Prudent et Phil Evans, si mal disposés qu'ils fussent, se sentaient intéressés par ce spectacle.

La baleine, blessée grièvement, avait frappé la mer d'un tel coup de queue que l'eau rejaillit jusque sur l'avant de l'aéronef. Puis l'animal plongea à une grande profondeur, pendant qu'on lui filait de la corde préalablement lovée dans une baille pleine d'eau, afin qu'elle ne prît pas feu au frottement. Lorsque la baleine revint à la surface, elle se mit à fuir à toute vitesse dans la direction du nord.

Que l'on imagine avec quelle rapidité l'*Albatros* fut remorqué à sa suite! D'ailleurs, les propulseurs avaient été arrêtés. On laissait faire l'animal, en se maintenant en ligne avec lui. Tom Turner était prêt à couper la corde, pour le cas où un nouveau plongeon aurait rendu cette remorque trop dangereuse.

Pendant une demi-heure, et peut-être sur une distance de six milles, l'*Albatros* fut ainsi entraîné; mais on sentait que le cétacé commençait à faiblir.

Alors, sur un geste de Robur, les aides-mécaniciens firent machine en arrière, et les propulseurs commencèrent à opposer une certaine résistance à la baleine, qui, peu à peu, se rapprocha du bord.

Bientôt l'aéronef plana à vingt-cinq pieds au-dessus d'elle. Sa queue battait encore les eaux avec une incroyable violence. En se retournant du dos sur le ventre, elle produisait d'énormes remous.

Tout à coup, elle se redressa, pour ainsi dire, piqua une tête, et plongea avec une telle rapidité, que Tom Turner eut à peine le temps de lui filer de la corde.

D'un coup, l'aéronef fut entraîné jusqu'à la surface des eaux. Un tourbillon s'était formé à la place où avait disparu l'animal. Un paquet de mer embarqua par-dessus la rambarde, comme il en tombe sur les pavois d'un navire qui court contre le vent et la lame.

Heureusement, d'un coup de hache, Tom Turner trancha la corde, et l'*Albatros*, sa remorque détachée, remonta à deux cents mètres sous la puissance de ses hélices ascensionnelles.

Quant à Robur, il avait manœuvré l'appareil sans que son sang-froid l'eût abandonné un instant.

Quelques minutes après, la baleine revenait à la surface — morte cette fois.

UN BOND PRODIGIEUX. 95

De toutes parts les oiseaux de mer accouraient pour se jeter sur son cadavre, en poussant des cris à rendre sourd tout un Congrès.

L'*Albatros*, n'ayant que faire de cette dépouille, reprit sa marche vers l'ouest.

Le lendemain, 17 juin, à six heures du matin, une terre se profila à l'horizon. C'étaient la presqu'île d'Alaska et le long semis de brisants des Aléoutiennes.

L'*Albatros* sauta par-dessus cette barrière où pullulent ces phoques à fourrure, que chassent les Aléoutiens pour le compte de la Compagnie Russo-Américaine. Excellente affaire, la capture de ces amphibies longs de six à sept pieds, couleur de rouille, qui pèsent de trois cents à cinq cents livres! Il y en avait des files interminables, rangées en front de bataille, et on eût pu les compter par milliers.

S'ils ne bronchèrent pas au passage de l'*Albatros*, il n'en fut pas de même des plongeons, lumnes et imbriens, dont les cris rauques emplirent l'espace, et qui disparurent sous les eaux, comme s'ils eussent été menacés par quelque formidable bête de l'air.

Les deux mille kilomètres de la mer de Behring, depuis les premières Aléoutiennes jusqu'à la pointe extrême du Kamtchatka, furent enlevés pendant les vingt-quatre heures de cette journée et de la nuit suivante. Pour mettre à exécution leur projet de fuite, Uncle Prudent et Phil Evans ne se trouvaient plus dans des conditions favorables. Ce n'était ni sur ces rivages déserts de l'extrême Asie, ni dans les parages de la mer d'Okhotsk qu'une évasion pouvait s'effectuer avec quelque chance. Visiblement, l'*Albatros* se dirigeait vers les terres du Japon ou de la Chine. Là, bien qu'il ne fût peut-être pas prudent de s'en remettre à la discrétion des Chinois ou des Japonais, les deux collègues étaient résolus à s'enfuir, si l'aéronef faisait halte en un point quelconque de ces territoires.

Mais ferait-il halte? Il n'en était pas de lui comme d'un oiseau qui finit par se fatiguer d'un trop long vol, ou d'un ballon qui, faute de gaz, est obligé de redescendre. Il avait des approvisionnements pour bien des semaines encore, et ses organes, d'une solidité merveilleuse, défiaient toute faiblesse comme toute lassitude.

Les deux collègues purent voir cette cité immense. (Page 101.)

Un bond par-dessus la presqu'île du Kamtchatka, dont on aperçut à peine l'établissement de Petropavlovsk et le volcan de Kloutschew pendant la journée du 18 juin, puis un autre bond au-dessus de la mer d'Okhotsk, à peu près à la hauteur des îles Kouriles, qui lui font un barrage rompu par des centaines de petits canaux. Le 19, au matin, l'*Albatros* atteignit le détroit de La Pérouse, resserré entre la pointe septentrionale du Japon et l'île Saghalien, dans cette petite Manche, où se déverse ce grand fleuve sibérien, l'Amour.

Partout des sommets blancs. (Page 106.)

UN BOND PRODIGIEUX.

Alors se leva un brouillard très dense, que l'aéronef dut laisser au-dessous de lui. Ce n'est pas qu'il eût besoin de se dégager de ces vapeurs pour se diriger. A l'altitude qu'il occupait, aucun obstacle à craindre, ni monuments élevés qu'il eût pu heurter à son passage, ni montagnes contre lesquelles il aurait couru le risque de se briser dans son vol. Le pays n'était que peu accidenté. Mais ces vapeurs ne laissaient pas d'être fort désagréables, et tout eût été mouillé à bord.

Il n'y avait donc qu'à s'élever au-dessus de cette couche de brumes dont l'épaisseur mesurait trois à quatre cents mètres. Aussi les hélices furent-elles plus rapidement actionnées, et, au delà du brouillard, l'*Albatros* retrouva les régions ensoleillées du ciel.

Dans ces conditions, Uncle Prudent et Phil Evans auraient eu quelque peine à donner suite à leurs projets d'évasion, en admettant qu'ils eussent pu quitter l'aéronef.

Ce jour-là, au moment où Robur passait près d'eux, il s'arrêta un instant, et, sans avoir l'air d'y attacher aucune importance :

« Messieurs, dit-il, un navire à voile ou à vapeur, perdu dans des brumes dont il ne peut sortir, est toujours fort gêné. Il ne navigue plus qu'au sifflet ou à la corne. Il lui faut ralentir sa marche, et, malgré tant de précautions, à chaque instant une collision est à craindre. L'*Albatros* n'éprouve aucun de ces soucis. Que lui font les brumes, puisqu'il peut s'en dégager? L'espace est à lui, tout l'espace!. »

Cela dit, Robur continua tranquillement sa promenade, sans attendre une réponse qu'il ne demandait pas, et les bouffées de sa pipe se perdirent dans l'azur.

« Uncle Prudent, dit Phil Evans, il paraît que cet étonnant *Albatros* n'a jamais rien à craindre !

— C'est ce que nous verrons ! » répondit le président du Weldon-Institute. »

Le brouillard dura trois jours, les 19, 20, 21 juin, avec une persistance regrettable. Il avait fallu s'élever pour éviter les montagnes japonaises de Fousi-Yama. Mais, ce rideau de brumes s'étant déchiré, on aperçut une immense cité avec palais, villas, chalets, jardins, parcs. Même sans la voir, Robur l'eût reconnue rien qu'à l'aboiement de ses myriades de chiens, aux cris de ses oiseaux de proie, et surtout à l'odeur cadavérique que les corps de ses suppliciés jettent dans l'espace.

Les deux collègues étaient sur la plate-forme, au moment où l'ingénieur prenait ce repère, pour le cas où il devrait continuer sa route au milieu du brouillard.

« Messieurs, dit-il, je n'ai aucune raison de vous cacher que cette ville, c'est Yédo, la capitale du Japon. »

Uncle Prudent ne répondit pas. En présence de l'ingénieur, il suffoquait comme si l'air eût manqué à ses poumons.

« Cette vue de Yédo, reprit Robur, c'est vraiment très curieux.

— Quelque curieux que ce soit... répliqua Phil Evans.

— Cela ne vaut pas Pékin? riposta l'ingénieur. C'est bien mon avis, et vous en pourrez juger avant peu. »

Impossible d'être plus aimable.

L'*Albatros*, qui pointait vers le sud-est, changea alors sa direction de quatre quarts, afin d'aller chercher dans l'est une route nouvelle.

Pendant la nuit, le brouillard se dissipa. Il y avait des symptômes d'un typhon peu éloigné, baisse rapide du baromètre, disparition des vapeurs, grands nuages de forme ellipsoïdale, collés sur le fond cuivré du ciel; à l'horizon opposé, de long traits de carmin, nettement tracés sur une nappe d'ardoise, et un large secteur, tout clair, dans le nord; puis, la mer unie et calme, mais dont les eaux, au coucher du soleil, prirent une sombre couleur écarlate.

Fort heureusement, ce typhon se déchaîna plus au sud et n'eût d'autre résultats que de dissiper les brumes amoncelées depuis près de trois jours.

En une heure, on avait franchi les deux cents kilomètres du détroit de Corée, puis, la pointe extrême de cette presqu'île. Tandis que le typhon allait battre les côtes sud-est de la Chine, l'*Albatros* se balançait sur la Mer Jaune, et, pendant les journées du 22 et du 23, au-dessus du golfe de Petchéli;

le 24, il remontait la vallée du Peï-Ho, et il planait enfin sur la capitale du Céleste-Empire.

Penchés en dehors de la plate-forme, les deux collègues, ainsi que l'avait annoncé l'ingénieur, purent voir très distinctement cette cité immense, le mur qui la sépare en deux parties, — ville mandchoue et ville chinoise, — les douze faubourgs qui l'environnent, les larges boulevards qui rayonnent vers le centre, les temples dont les toits jaunes et verts se baignaient dans le soleil levant, les parcs qui entourent les hôtels des mandarins; puis, au milieu de la ville mandchoue, les six cent soixante-huit hectares [1] de la ville Jaune, avec ses pagodes, ses jardins impériaux, ses lacs artificiels, sa montagne de charbon qui domine toute la capitale; enfin, au centre de la ville Jaune, comme un carré de casse-tête chinois encastré dans un autre, la ville Rouge, c'est-à-dire, le Palais Impérial avec toutes les fantaisies de son invraisemblable architecture.

En ce moment, au-dessous de l'*Albatros*, l'air était empli d'une harmonie singulière. On eût dit d'un concert de harpes éoliennes. Dans l'air planaient une centaine de cerfs-volants de différentes formes, en feuilles de palmier ou de pandanus, munis à leur partie supérieure d'une sorte d'arc en bois léger, sous-tendu d'une mince lame de bambou. Sous l'haleine du vent, toutes ces lames, aux notes variées comme celles d'un harmonica, exhalaient un murmure de l'effet le plus mélancolique. Il semblait que, dans ce milieu, on respirât de l'oxygène musical.

Robur eut alors la fantaisie de se rapprocher de cet orchestre aérien, et l'*Albatros* vint lentement se baigner dans les ondes sonores que les cerfs-volants émettaient à travers l'atmosphère.

Mais, aussitôt, il se produisit un extraordinaire effet au milieu de cette innombrable population. Coups de tam-tams et autres instruments formidables des orchestres chinois, coups de fusils par milliers, coups de mortiers par centaines, tout fut mis en œuvre pour éloigner l'aéronef. Si les astronomes de la Chine reconnurent, ce jour-là, que cette machine aérienne, c'était le

---

1. Près de quatorze fois la surface du Champ de Mars.

mobile dont l'apparition avait soulevé tant de disputes, les millions de Célestes, depuis l'humble tankadère jusqu'aux mandarins les plus boutonnés, le prirent pour un monstre apocalyptique qui venait d'apparaître sur le ciel de Bouddah.

On ne s'inquiéta guère de ces démonstrations dans l'inabordable *Albatros*. Mais les cordes, qui retenaient les cerfs-volants aux pieux fichés dans les jardins impériaux, furent ou coupées ou halées vivement. De ces légers appareils, les uns revinrent rapidement à terre en accentuant leurs accords, les autres tombèrent comme des oiseaux qu'un plomb a frappés aux ailes et dont le chant finit avec le dernier souffle.

Une formidable fanfare, échappée de la trompette de Tom Turner, se lança alors sur la capitale et couvrit les dernières notes du concert aérien. Cela n'interrompit pas la fusillade terrestre. Toutefois, une bombe, ayant éclaté à quelques vingtaines de pieds de sa plate-forme, l'*Albatros* remonta dans les zones inaccessibles du ciel.

Que se passa-t-il pendant les quelques jours qui suivirent? Aucun incident dont les prisonniers eussent pu profiter. Quelle direction prit l'aéronef? Invariablement celle du sud-ouest — ce qui dénotait le projet de se rapprocher de l'Indoustan. Il était visible, d'ailleurs, que le sol, montant sans cesse, obligeait l'*Albatros* à se diriger selon son profil. Une dizaine d'heures après avoir quitté Pékin, Uncle Prudent et Phil Evans avaient pu entrevoir une partie de la Grande Muraille sur la limite du Chen-Si. Puis, évitant les monts Loungs, ils passèrent au-dessus de la vallée de Wang-Ho et franchirent la frontière de l'Empire chinois sur la limite du Tibet.

Le Tibet, — hauts plateaux sans végétation, de ci de là pics neigeux, ravins desséchés, torrents alimentés par les glaciers, bas-fonds avec d'éclatantes couches de sel, lacs encadrés dans des forêts verdoyantes. Sur le tout, un vent souvent glacial.

Le baromètre, tombé à 450 millimètres, indiquait alors une altitude de plus de quatre mille mètres au-dessus du niveau de la mer. A cette hauteur, la température, bien que l'on fût dans les mois les plus chauds de l'hémisphère boréal, ne dépassait guère le zéro. Ce refroidissement, combiné avec la vitesse de l'*Albatros*, rendait la situation peu supportable. Aussi, bien que les deux collègues eussent à leur disposition de chaudes couvertures de voyage, ils préférèrent rentrer dans le rouffe.

Il va sans dire qu'il avait fallu donner aux hélices suspensives une extrême rapidité, afin de maintenir l'aéronef dans un air déjà raréfié. Mais elles fonctionnaient avec un ensemble parfait, et il semblait que l'on fût bercé par le frémissement de leurs ailes.

Ce jour-là, Garlok, ville du Tibet occidental, chef-lieu de la province de Guari-Khorsoum, put voir passer l'*Albatros*, gros comme un pigeon voyageur.

Le 27 juin, Uncle Prudent et Phil Evans aperçurent une énorme barrière, dominée par quelques hauts pics, perdus dans les neiges, et qui leur coupait l'horizon. Tous deux, arcboutés alors contre le rouffe de l'avant pour résister à la vitesse du déplacement, regardaient ses masses colossales. Elles semblaient courir au-devant de l'aéronef.

« L'Himalaya, sans doute, dit Phil Evans, et il est probable que ce Robur va en contourner la base, sans essayer de passer dans l'Inde.

— Tant pis! répondit Uncle Prudent. Sur cet immense territoire, peut-être aurions nous pu...

— A moins qu'il ne tourne la chaîne par le Birman à l'est, ou par le Népaul à l'ouest.

— En tout cas, je le mets au défi de la franchir!

— Vraiment! » dit une voix.

Le lendemain, 28 juin, l'*Albatros* se trouvait en face du gigantesque massif, au-dessus de la province de Zzang. De l'autre côté de l'Himalaya, c'était la région du Népaul.

En réalité, trois chaînes coupent successivement la route le l'Inde, quand on vient du nord. Les deux septentrionales, entre lesquelles s'était glissé l'*Albatros*, comme un navire entre d'énormes écueils, sont les premiers degrés de cette barrière de l'Asie centrale. Ce furent d'abord le Kouen-Loun, puis le Karakoroum, qui dessinent cette vallée longitudinale et parallèle à l'Himalaya, presque à la ligne de faîte où se partagent les bassins de l'Indus, à l'ouest, et du Brahmapoutre, à l'est.

Ils ne se rendirent pas sans résistance. (Page 100.)

Quel superbe système orographique! Plus de deux cents sommets déjà mesurés, dont dix-sept dépassent vingt-cinq mille pieds! Devant l'*Albatros*, à huit mille huit cent quarante mètres, s'élevait le mont Everest. Sur la droite, le Dwalaghiri, haut de huit mille deux cents. Sur la gauche, le Kinchanjunga, haut de huit mille cinq cent quatre-vingt-douze, relégué au deuxième rang depuis les dernières mesures de l'Everest.

Évidemment, Robur n'avait pas la prétention d'effleurer la cime de ces pics;

UN BOND PRODIGIEUX. 105

Les gens de Robur halaient joyeusement les filets. (Page 114.)

mais, sans doute, il connaissait les diverses passes de l'Himalaya, entre autres, la passe d'Ibi-Gamin, que les frères Schlagintweit, en 1856, ont franchie à une hauteur de six mille huit cents mètres, et il s'y lança résolument.

Il y eut là quelques heures palpitantes, très pénibles même. Cependant, si la raréfaction de l'air ne devint pas telle qu'il fallût recourir à des appareils spéciaux pour renouveler l'oxygène dans les cabines, le froid fut excessif.

Robur, posté à l'avant, sa mâle figure sous son capuchon, commandait les

14

manœuvres. Tom Turner avait en main la barre du gouvernail. Le mécanicien surveillait attentivement ses piles dont les substances acides n'avaient rien à craindre de la congélation — heureusement. Les hélices, lancées au maximum de courant, rendaient des sons de plus en plus aigus, dont l'intensité fut extrême, malgré la moindre densité de l'air. Le baromètre tomba à 290 millimètres, ce qui indiquait sept mille mètres d'altitude.

Magnifique disposition de ce chaos de montagnes! Partout des sommets blancs. Pas de lacs, mais des glaciers qui descendent jusqu'à dix mille pieds de la base. Plus d'herbe, rien que de rares phanérogames sur la limite de la vie végétale. Plus de ces admirables pins et cèdres, qui se groupent en forêts splendides aux flancs inférieurs de la chaîne. Plus de ces gigantesques fougères ni de ces interminables parasites, tendus d'un tronc à l'autre, comme dans les sous-bois de la jungle. Aucun animal, ni chevaux sauvages, ni yaks, ni bœufs tibétains. Parfois une gazelle égarée jusque dans ces hauteurs. Pas d'oiseaux, si ce n'est quelques couples de ces corneilles qui s'élèvent jusqu'aux dernières couches de l'air respirable.

Cette passe enfin franchie, l'*Albatros* commença à redescendre. Au sortir du col, hors de la région des forêts, il n'y avait plus qu'une campagne infinie qui s'étendait sur un immense secteur.

Alors Robur s'avança vers ses hôtes, et d'une voix aimable :

« L'Inde, messieurs, » dit-il.

X

DANS LEQUEL ON VERRA COMMENT ET POURQUOI LE VALET FRYCOLLIN FUT MIS A LA REMORQUE.

L'ingénieur n'avait point l'intention de promener son appareil au-dessus de ces merveilleuses contrées de l'Indoustan. Franchir l'Himalaya pour montrer de quel admirable engin de locomotion il disposait, convaincre même ceux qui ne voulaient pas être convaincus, il ne voulait sans doute pas autre chose. Est-ce donc à dire que l'*Albatros* fût parfait, quoique la perfection ne soit pas de ce monde? On le verra bien.

En tout cas, si, dans leur for intérieur, Uncle Prudent et son collègue ne pouvaient qu'admirer la puissance d'un pareil engin de locomotion aérienne, ils n'en laissaient rien paraître. Ils ne cherchaient que l'occasion de s'enfuir. Ils n'admirèrent même pas le superbe spectacle offert à leur vue, pendant que l'*Albatros* suivait les pittoresques lisières du Pendjab.

Il y a bien, à la base de l'Himalaya, une bande marécageuse de terrains d'où transpirent des vapeurs malsaines, ce Teraï dans lequel la fièvre est à l'état endémique. Mais ce n'était pas pour gêner l'*Albatros* ni compromettre la santé de son personnel. Il monta, sans trop se presser, vers l'angle que l'Indoustan fait au point de jonction du Turkestan et de la Chine. Le 29 juin, dès les premières heures du matin, s'ouvrait devant lui l'incomparable vallée de Cachemir.

Oui, incomparable, cette gorge que laissent entre eux le grand et le petit Himalaya! Sillonnée des centaines de contreforts que l'énorme chaîne envoie mourir jusqu'au bassin de l'Hydaspe, elle est arrosée par les capricieux méandres du fleuve, qui vit se heurter les armées de Porus et d'Alexandre, c'est-à-dire, l'Inde et la Grèce aux prises dans l'Asie centrale. Il est toujours là, cet Hydaspe, si les deux villes, fondées par le Macédonien en souvenir de sa victoire, ont si bien disparu qu'on ne peut même plus en retrouver la place.

Pendant cette matinée, l'*Albatros* plana au-dessus de Srinagar, plus connue sous le nom de Cachemir. Uncle Prudent et son compagnon virent une cité superbe, allongée sur les deux rives du fleuve, ses ponts de bois tendus comme des fils, ses chalets agrémentés de balcons en découpages, ses berges ombragées de hauts peupliers, ses toits gazonnés qui prenaient l'aspect de grosses taupinières, ses canaux multiples, avec des barques comme des noix et des bateliers comme des fourmis, ses palais, ses temples, ses kiosques, ses mosquées, ses bungalows à l'entrée des faubourgs, — tout cet ensemble doublé par la réverbération des eaux; puis sa vieille citadelle de Hari-Parvata, campée au front d'une colline, comme le plus important des forts de Paris au front du Mont-Valérien.

« Ce serait Venise, dit Phil Evans, si nous étions en Europe.

— Et si nous étions en Europe, répondit Uncle Prudent, nous saurions bien retrouver le chemin de l'Amérique! »

L'*Albatros* ne s'attarda pas au-dessus du lac que le fleuve traverse et reprit son vol à travers la vallée de l'Hydaspe.

Pendant une demi-heure seulement, descendu à dix mètres du fleuve, il resta stationnaire. Alors, au moyen d'un tuyau de caoutchouc envoyé en dehors, Tom Turner et ses gens s'occupèrent de refaire leur provision d'eau, qui fut aspirée par une pompe que les courants des accumulateurs mirent en mouvement.

Durant cette opération, Uncle Prudent et Phil Evans s'étaient regardés. Une même pensée avait traversé leur cerveau. Ils n'étaient qu'à quelques mètres de la surface de l'Hydaspe, à portée des rives. Tous deux étaient bons nageurs. Un plongeon pouvait leur rendre la liberté, et, lorsqu'ils auraient disparu entre deux eaux, comment Robur eût-il pu les reprendre? Afin de laisser à ses propulseurs la possibilité d'agir, ne fallait-il pas que l'appareil se tînt au moins à deux mètres au-dessus du lac?

En un instant, toutes les chances pour ou contre s'étaient présentées à leur esprit. En un instant ils les avaient pesées. Enfin ils allaient s'élancer par-dessus la plate-forme, lorsque plusieurs paires de mains s'abattirent sur leurs épaules.

On les observait. Ils furent mis dans l'impossibilité de fuir.

Cette fois, ils ne se rendirent pas sans résistance. Ils voulurent repousser ceux qui les tenaient. Mais c'étaient de solides gaillards, ces gens de l'*Albatros!*

« Messieurs, se contenta de dire l'ingénieur, quand on a le plaisir de voyager en compagnie de Robur-le-Conquérant, comme vous l'avez si bien nommé, et à bord de son admirable *Albatros*, on ne le quitte pas ainsi... à l'anglaise! J'ajouterai même qu'on ne le quitte plus! »

Phil Evans entraîna son collègue qui allait se livrer à quelque acte de violence. Tous deux rentrèrent dans le rouffe, décidés à s'enfuir, dût-il leur en coûter la vie, et n'importe où.

L'*Albatros* avait repris sa direction vers l'ouest. Pendant cette journée, avec une vitesse moyenne, il franchit le territoire du Caboulistan, dont on entrevit un instant la capitale, puis la frontière du royaume de l'Hérat, à onze cents kilomètres de Cachemir.

Dans ces contrées, toujours si disputées encore, sur cette route ouverte aux Russes vers les possessions anglaises de l'Inde, apparurent des rassemblements d'hommes, des colonnes, des convois, en un mot tout ce qui constitue le personnel et le matériel d'une armée en marche. On entendit aussi des coups de canon et le pétillement de la mousqueterie. Mais l'ingénieur ne se mêlait jamais des affaires des autres, quand ce n'était pas pour lui question d'honneur ou d'humanité. Il passa outre. Si Hérat, comme on le dit, est la clef de l'Asie centrale, que cette clef allât dans une poche anglaise ou dans une poche moscovite, peu lui importait. Les intérêts terrestres ne regardaient plus l'audacieux qui avait fait de l'air son unique domaine.

D'ailleurs, le pays ne tarda pas à disparaître sous un véritable ouragan de sable, comme il ne s'en produit que trop fréquemment dans ces régions. Ce vent, qui s'appelle « tebbad », transporte des éléments fiévreux avec l'impondérable poussière soulevée à son passage. Et combien de caravanes périssent dans ces tourbillons!

Quant à l'*Albatros*, afin d'échapper à cette poussière qui aurait pu altérer la finesse de ses engrenages, il alla chercher à deux mille mètres une zone plus saine.

Ainsi disparut la frontière de la Perse et ses longues plaines qui restèrent invisibles. L'allure était très modérée, bien qu'aucun écueil ne fût à craindre. En effet, si la carte indique quelques montagnes, elle ne sont cotées qu'à de moyennes altitudes. Mais, aux approches de la capitale, il convenait d'éviter le Damavend, dont le pic neigeux pointe à près de six mille six cents mètres, puis la chaîne d'Elbrouz, au pied de laquelle est bâti Téhéran.

Dès les premières lueurs du 2 juillet surgit ce Damavend, émergeant du simoun de sables.

L'*Albatros* se dirigea donc de manière à passer au-dessus de la ville, que le vent enveloppait d'un nuage de fine poussière.

Cependant, vers les dix heures du matin, on put apercevoir les larges fossés qui entourent l'enceinte, et, au milieu, le palais du Shah, ses murailles revêtues de plaques de faïence, ses bassins qui semblaient taillés dans d'énormes turquoises d'un bleu éclatant.

Ce ne fut qu'une rapide vision. A partir de ce point, l'*Albatros*, modifiant sa route, porta presque directement vers le nord. Quelques heures après, il se trouvait au-dessus d'une petite ville, bâtie à un angle septentrional de la frontière persane, sur les bords d'une vaste étendue d'eau, dont on ne pouvait apercevoir la fin ni au nord ni à l'est.

Cette ville, c'était le port d'Ashourada, la station russe la plus avancée dans le sud. Cette étendue d'eau, c'était une mer. C'était la Caspienne.

Plus de tourbillons de poussière alors. Vue d'un ensemble de maisons à l'européenne, disposées le long d'un promontoire, avec un clocher qui les domine.

L'*Albatros* s'abaissa sur cette mer dont les eaux sont à trois cents pieds au-dessous du niveau océanien. Vers le soir, il longeait la côte, — turkestane autrefois, russe alors, — qui monte vers le golfe de Balkan, et le lendemain, 3 juillet, il planait à cent mètres au-dessus de la Caspienne.

Aucune terre en vue, ni du côté de l'Asie, ni du côté de l'Europe. A la surface de la mer, quelques voiles blanches gonflées par la brise. C'étaient des navires indigènes, reconnaissables à leurs formes, des kesebeys à deux mâts, des kayuks, anciens bateaux pirates à un mât, des teimils, simples canots de service ou de pêche. Ça et là, s'élevaient jusqu'à l'*Albatros* quelques queues de fumée, vomies par la cheminée de ces steamers d'Ashourada que la Russie entretient pour la police des eaux turkomanes.

Ce matin-là, le contremaître Tom Turner causait avec le maître-coq, François Tapage, et, à une demande de celui-ci, il avait fait cette réponse :

« Oui, nous resterons quarante-huit heures environ au-dessus de la mer Caspienne.

— Bien ! répondit le maître-coq. Cela nous permettra sans doute de pêcher?...

— Comme vous le dites ! »

Puisqu'on devait mettre quarante heures à faire les six cent vingt-cinq milles que mesure cette mer sur deux cents de large, c'est que la vitesse de l'*Albatros* serait très modérée, et même nulle pendant les opérations de pêche.

Or, cette réponse de Tom Turner fut entendue par Phil Evans qui se trouvait alors à l'avant.

En ce moment, Frycollin s'obstinait à l'assommer de ses incessantes récriminations, le priant d'intervenir près de son maître pour qu'il le fît « déposer à terre ».

Sans répondre à cette demande saugrenue, Phil Evans revint à l'arrière retrouver Uncle Prudent. Là, toutes précautions prises pour ne point être entendus, il rapporta les quelques phrases échangées entre Tom Turner et le maître-coq.

« Phil Evans, répondit Uncle Prudent, je pense que nous ne nous faisons aucune illusion sur les intentions de ce misérable à notre égard?

— Aucune, répondit Phil Evans. Il ne nous rendra la liberté que lorsque cela lui conviendra, — s'il nous la rend jamais!

— Dans ce cas, nous devons tout tenter pour quitter l'*Albatros*!

— Un fameux appareil, il faut bien l'avouer!

— C'est possible! s'écria Uncle Prudent, mais c'est l'appareil d'un coquin qui nous retient au mépris de tout droit. Or, cet appareil constitue pour nous et les nôtres un danger permanent. Si donc nous ne parvenons pas à le détruire...

— Commençons par nous sauver!... répondit Phil Evans. Nous verrons après!

— Soit! reprit Uncle Prudent, et profitons des occasions qui vont s'offrir. Évidemment l'*Albatros* va traverser la Caspienne, puis se lancer sur l'Europe, soit dans le nord, au-dessus de la Russie, soit dans l'ouest, au-dessus des contrées méridionales. Eh bien! en quelque lieu que nous mettions le pied, notre salut sera assuré jusqu'à l'Atlantique. Il convient donc de se tenir prêts à toute heure.

— Mais, demanda Phil Evans, comment fuir?...

— Écoutez-moi, répondit Uncle Prudent. Il arrive parfois, pendant la nuit, que l'*Albatros* plane à quelques centaines de pieds seulement du sol. Or, il y a à bord plusieurs câbles de cette longueur, et, avec un peu d'audace, on pourrait peut-être se laisser glisser...

— Oui, répondit Phil Evans, le cas échéant, je n'hésiterais pas...

— Ni moi, dit Uncle Prudent. J'ajoute que, la nuit, excepté le timonier posté à l'arrière, personne ne veille. Précisément, un de ces câbles est placé à l'avant, et, sans être vu, sans être entendu, il ne serait pas impossible de le dérouler...

— Bien, dit Phil Evans. Je vois avec plaisir, Uncle Prudent, que vous êtes plus calme. Cela vaut mieux pour agir. Mais, en ce moment, nous voici sur la Caspienne. De nombreux bâtiments sont en vue. L'*Albatros* va descendre et s'arrêter pendant la pêche... Est-ce que nous ne pourrions pas profiter?...

— Eh! on nous surveille, même quand nous ne croyons pas être surveillés, répondit Uncle Prudent. Vous l'avez bien vu, quand nous avons tenté de nous précipiter dans l'Hydaspe.

— Et qui dit que nous ne sommes pas surveillés aussi pendant la nuit? répliqua Phil Evans.

— Il faut pourtant en finir! s'écria Uncle Prudent, oui! en finir avec cet *Albatros* et son maître! »

On le voit, sous l'excitation de la colère, les deux collègues — Uncle Prudent surtout — pouvaient être conduits à commettre les actes les plus téméraires et peut-être les plus contraires à leur propre sûreté.

Le sentiment de leur impuissance, le dédain ironique avec lequel les traitait Robur, les réponses brutales qu'il leur faisait, tout contribuait à tendre une situation dont l'aggravation était chaque jour plus manifeste.

Ce jour même, une nouvelle scène faillit amener une altercation des plus regrettables entre Robur et les deux collègues. Frycollin ne se doutait guère qu'il allait en être le provocateur.

En se voyant au-dessus de cette mer sans limites, le poltron fut repris d'une belle épouvante. Comme un enfant, comme un nègre qu'il était, il se laissa aller à geindre, à protester, à crier, à se démener en mille contorsions et grimaces.

« Je veux m'en aller!... Je veux m'en aller! criait-il. Je ne suis pas un oiseau!... Je ne suis pas fait pour voler!... Je veux qu'on me remette à terre... tout de suite!... »

Il va sans dire que Uncle Prudent ne cherchait aucunement à le calmer, — au contraire. Aussi ces hurlements finirent-ils par impatienter singulièrement Robur.

Or, comme Tom Turner et ses compagnons allaient procéder aux manœuvres de la pêche, l'ingénieur, pour se débarrasser de Frycollin, ordonna de l'enfermer dans son rouffle. Mais le nègre continua à se débattre, à frapper aux cloisons, à hurler de plus belle.

Il était midi. En ce moment, l'*Albatros* se tenait à cinq ou six mètres seulement du niveau de la mer. Quelques embarcations, épouvantées à sa vue, avaient pris la fuite. Cette portion de la Caspienne ne devait pas tarder à être déserte.

Comme on le pense bien, dans ces conditions où ils n'auraient eu qu'à piquer une tête pour fuir, les deux collègues devaient être et étaient l'objet d'une surveillance spéciale. En admettant même qu'il se fussent jetés par-dessus le bord, on aurait bien su les reprendre avec le canot de caoutchouc de l'*Albatros*. Donc, rien à faire pendant la pêche, à laquelle Phil Evans crut devoir assister, tandis que Uncle Prudent, en perpétuel état de rage, se retirait dans sa cabine.

On sait que la mer Caspienne est une dépression volcanique du sol. En ce bassin tombent les eaux de ces grands fleuves, le Volga, l'Oural, le Kour, la Kouma, la Jemba et autres. Sans l'évaporation qui lui enlève son trop plein, ce trou, d'une superficie de dix-sept mille lieues carrées, d'une profondeur moyenne comprise entre soixante et quatre cents pieds, aurait inondé les côtes du nord et de l'est, basses et marécageuses. Bien que cette cuvette ne soit en communication ni avec la mer Noire, ni avec la mer d'Aral, dont les niveaux sont très supérieurs au sien, elle n'en nourrit pas moins un très grand nombre de poissons — de ceux, bien entendu, auxquels ne peuvent déplaire ses eaux d'une amertume prononcée, due au naphte qu'y déversent les sources de son extrémité méridionale.

Or, en songeant à la variété que la pêche pouvait apporter à son ordinaire, le personnel de l'*Albatros* ne dissimulait pas le plaisir qu'il allait y prendre.

« Attention! » cria Tom Turner, qui venait de harponner un poisson de belle taille, presque semblable à un requin.

C'était un magnifique esturgeon, long de sept pieds, de cette espèce Belonga des Russes, dont les œufs, mélangés de sel, de vinaigre et de vin blanc, forment le caviar. Peut-être les esturgeons pêchés dans les fleuves sont-ils meilleurs que les esturgeons de mer ; mais ceux-ci furent bien accueillis à bord de l'*Albatros*.

Toutefois, ce qui rendit cette pêche plus fructueuse encore, ce fut la traîne des chaluts qui ramassèrent pêle-mêle, carpes, brèmes, saumons, brochets d'eaux salées, et surtout quantité de ces sterlets de moyenne taille que les riches gourmets font venir vivants d'Astrakan à Moscou et à Pétersbourg. Ceux-ci allaient immédiatement passer de leur élément naturel dans les chaudières de l'équipage, sans frais de transport.

Les gens de Robur halaient joyeusement les filets, après que l'*Albatros* les avait promenés pendant plusieurs milles. Le gascon François Tapage, hurlant de plaisir, justifiait bien son nom. Une heure de pêche suffit à remplir les viviers de l'aéronef, qui remonta vers le nord.

Pendant cette halte, Frycollin n'avait cessé de crier, de frapper aux parois de sa cabine, de faire en un mot un insupportable vacarme.

« Ce maudit nègre ne se taira donc pas ! dit Robur, véritablement à bout de patience.

— Il me semble, monsieur, qu'il a bien le droit de se plaindre ! répondit Phil Evans.

— Oui, comme moi j'ai le droit d'épargner ce supplice à mes oreilles ! répliqua Robur.

— Ingénieur Robur !.... dit Uncle Prudent, qui venait d'apparaître sur la plate-forme.

— Président du Weldon-Institute ? »

Tous deux s'étaient avancés l'un vers l'autre. Ils se regardaient dans le blanc des yeux.

Puis, Robur, haussant les épaules :

« A bout de corde ! » dit-il.

Tom Turner avait compris. Frycollin fut tiré de sa cabine.

Quels cris il poussa, lorsque le contre-maître et un de ses camarades le saisirent et l'attachèrent dans une sorte de baille, à laquelle ils fixèrent solidement l'extrémité d'un câble !

C'était précisément un de ces câbles dont Uncle Prudent voulait faire l'usage que l'on sait.

Le nègre avait cru d'abord qu'il allait être pendu... Non ! Il ne devait être que suspendu.

En effet, ce câble fut déroulé au dehors sur une longueur de cent pieds, et Frycollin se trouva balancé dans le vide.

Il pouvait crier à son aise maintenant. Mais, l'épouvante l'étreignant au larynx, il resta muet.

Uncle Prudent et Phil Evans avaient voulu s'opposer à cette exécution : ils furent repoussés.

Frycollin balancé dans le vide. (Page 115.)

« C'est une infamie!... C'est une lâcheté! s'écria Uncle Prudent, qui était hors de lui.

— Vraiment! répondit Robur.

— C'est un abus de la force contre lequel je protesterai autrement que par des paroles!

— Protestez!

— Je me vengerai, ingénieur Robur!

L'*Albatros* avait été vu, cette fois (Page 127.)

— Vengez-vous, président du Weldon-Institute !
— Et de vous et des vôtres ! »

Les gens de l'*Albatros* s'étaient rapprochés dans des dispositions peu bienveillantes. Robur leur fit signe de s'éloigner.

« Oui !... De vous et des vôtres !... reprit Uncle Prudent, que son collègue essayait en vain de calmer.

— Quand il vous plaira ! répondit l'ingénieur.

— Et par tous les moyens possibles !

— Assez ! dit alors Robur d'un ton menaçant, assez ! Il y a d'autres câbles à bord ! Taisez-vous, ou, sinon, tout comme le valet, le maître ! »

Uncle Prudent se tut, non par crainte, mais parce qu'il fut pris d'une telle suffocation que Phil Evans dut l'emmener dans sa cabine.

Cependant, depuis une heure, le temps s'était singulièrement modifié. Il y avait des symptômes auxquels on ne pouvait se méprendre. Un orage menaçait. La saturation électrique de l'atmosphère était portée à un tel point que, vers deux heures et demie, Robur fut témoin d'un phénomène qu'il n'avait jamais observé.

Dans le nord, d'où venait l'orage, montaient des volutes de vapeurs quasi lumineuses, — ce qui était certainement dû à la variation de la charge électrique des diverses couches de nuages.

Le reflet de ces bandes faisait courir, à la surface de la mer, des myriades de lueurs, dont l'intensité devenait d'autant plus vive que le ciel commençait à s'assombrir.

L'*Albatros* et le météore ne devaient pas tarder à se rencontrer, puisqu'ils allaient l'un au-devant de l'autre.

Et Frycollin ? Eh bien, Frycollin était toujours à la remorque, — et remorque est le mot juste, car le câble faisait un angle assez ouvert avec l'appareil lancé à une vitesse de cent kilomètres, ce qui laissait la baille quelque peu en arrière.

Que l'on juge de son épouvante, lorsque les éclairs commencèrent à sillonner l'espace autour de lui, tandis que le tonnerre roulait ses éclats dans les profondeurs du ciel.

Tout le personnel du bord s'occupait à manœuvrer en vue de l'orage, soit pour s'élever plus haut que lui, soit pour le distancer en se lançant à travers les couches inférieures.

L'*Albatros* se trouvait alors à sa hauteur moyenne, — mille mètres environ, — quand éclata un coup de foudre d'une violence extrême. La rafale s'éleva soudain. En quelques secondes, les nuages en feu se précipitèrent sur l'aéronef.

Phil Evans vint alors intercéder en faveur de Frycollin et demander qu'on le ramenât à bord.

Mais Robur n'avait point attendu cette démarche. Ses ordres étaient donnés. Déjà on s'occupait de haler la corde sur la plate-forme, quand, tout à coup, il se fit un ralentissement inexplicable dans la rotation des hélices suspensives.

Robur bondit vers le rouffle central :

« Force !... Force !... cria-t-il au mécanicien. Il faut monter rapidement et plus haut que l'orage !

— Impossible, maître !

— Qu'y a-t-il ?

— Les courants sont troublés !... Il se fait des intermittences !... »

Et de fait, l'*Albatros* s'abaissait sensiblement.

Ainsi qu'il arrive pour les courants des fils télégraphiques pendant les orages, le fonctionnement électrique n'opérait plus qu'incomplètement dans les accumulateurs de l'aéronef. Mais, ce qui n'est qu'un inconvénient quand il s'agit de dépêches, ici, c'était un effroyable danger, c'était l'appareil précipité dans la mer, sans qu'on pût s'en rendre maître.

« Laisse descendre, cria Robur, et sortons de la zone électrique ! Allons, enfants, du sang-froid ! »

L'ingénieur était monté sur son banc de quart. Les hommes, à leur poste, se tenaient prêts à exécuter les ordres du maître.

L'*Albatros*, bien qu'il se fût abaissé de quelques centaines de pieds, était encore plongé dans le nuage, au milieu des éclairs qui se croisaient comme les pièces d'un feu d'artifice. C'était à croire qu'il allait être foudroyé. Les hélices se ralentissaient encore, et ce qui n'avait été jusque-là qu'une descente un peu rapide menaçait de devenir une chute.

Enfin, en moins d'une minute, il était manifeste qu'il serait arrivé au niveau de la mer. Une fois immergé, aucune puissance n'aurait pu l'arracher de cet abîme.

Soudain la nuée électrique apparut au-dessus de lui. L'*Albatros* n'était plus alors qu'à soixante pieds de la crête des lames. En deux ou trois secondes, elles auraient noyé la plate-forme.

Mais, Robur, saisissant l'instant propice, se précipita vers le roufle central, il saisit les leviers de mise en train, il lança le courant des piles que ne neutralisait plus la tension électrique de l'atmosphère ambiante... En un instant, il eut rendu à ses hélices leur vitesse normale, arrêté la chute, maintenu l'*Albatros* à petite hauteur, pendant que ses propulseurs l'entraînaient loin de l'orage, qu'il ne tarda pas à dépasser.

Inutile de dire que Frycollin avait pris un bain forcé, — pendant quelques secondes seulement. Lorsqu'il fut ramené à bord, il était mouillé comme s'il eût plongé jusqu'au fond des mers. On le croira sans peine, il ne criait plus.

Le lendemain, 4 juillet, l'*Albatros* avait franchi la limite septentrionale de la Caspienne.

XI

DANS LEQUEL LA COLÈRE DE UNCLE PRUDENT CROIT COMME LE CARRÉ DE LA VITESSE.

Si jamais Uncle Prudent et Phil Evans durent renoncer à tout espoir de s'échapper, ce fut bien pendant les cinquante heures qui suivirent. Robur redoutait-il que la garde de ses prisonniers fût moins facile durant cette traversée de l'Europe? C'est possible. Il savait, d'ailleurs, qu'ils étaient décidés à tout pour s'enfuir.

Quoi qu'il en soit, toute tentative eût alors été un suicide. Que l'on saute d'un express, marchant avec une vitesse de cent kilomètres à l'heure, ce n'est peut-être que risquer sa vie, mais, d'un rapide, lancé à raison de deux cents kilomètres, ce serait vouloir la mort.

Or, c'est précisément cette vitesse, — le maximum dont il pût disposer, — qui fut imprimée à l'*Albatros*. Elle dépassait le vol de l'hirondelle, soit cent quatre-vingts kilomètres à l'heure.

Depuis quelque temps, on a dû le remarquer, les vents du nord-est dominaient avec une persistance très favorable à la direction de l'*Albatros*, puisqu'il marchait dans le même sens, c'est-à-dire, d'une façon générale vers l'ouest. Mais, ces vents commençant à se calmer, il devint bientôt impossible de se tenir sur la plate-forme, sans avoir la respiration coupée par la rapidité du déplacement. Les deux collègues, à un certain moment, eussent même été jetés par-dessus le bord, s'ils n'avaient été acculés contre leur roufle par la pression de l'air.

Heureusement, à travers les hublots de sa cage, le timonier les aperçut, et une sonnerie électrique prévint les hommes, renfermés dans le poste de l'avant.

Quatre d'entre eux se glissèrent aussitôt vers l'arrière, en rampant sur la plate-forme.

Que ceux qui se sont trouvés en mer sur un navire debout au vent, pendant quelque tempête, rappellent leur souvenir, et ils comprendront ce que devait être la violence d'une pareille pression. Seulement, ici, c'était l'*Albatros* qui la créait par son incomparable vitesse.

En somme, il fallut ralentir la marche — ce qui permit à Uncle Prudent et à Phil Evans de regagner leur cabine. A l'intérieur de ses roufles, ainsi que l'avait dit l'ingénieur, l'*Albatros* emportait avec lui une atmosphère parfaitement respirable.

Mais quelle solidité avait donc cet appareil, pour qu'il pût résister à un pareil déplacement! C'était prodigieux. Quant aux propulseurs de l'avant et de l'arrière, on ne les voyait même plus tourner. C'était avec une infinie puissance de pénétration qu'ils se vissaient dans la couche d'air.

La dernière ville, observée du bord, avait été Astrakan, située presque à l'extrémité nord de la Caspienne.

L'Étoile du Désert, — sans doute quelque poète russe l'a appelée ainsi, — est maintenant descendue de la première à la cinquième ou sixième grandeur. Ce simple chef-lieu de gouvernement avait un instant montré ses vieilles murailles couronnées de créneaux inutiles, ses antiques tours au centre de la cité, ses mosquées contiguës à des églises de style moderne, sa cathédrale dont les cinq dômes, dorés et semés d'étoiles bleues, semblaient découpés dans un morceau de firmament, — le tout presque au niveau de cette embouchure du Volga qui mesure deux kilomètres.

Puis, à partir de ce point, le vol de l'*Albatros* ne fut plus qu'une sorte de chevauchée à travers les hauteurs du ciel, comme s'il eût été attelé de ces fabuleux hippogriffes qui franchissent une lieue d'un seul coup d'aile.

Il était dix heures du matin, le 4 juillet, lorsque l'aéronef pointa dans le nord-ouest en suivant à peu près la vallée du Volga. Les steppes du Don et de l'Oural filaient de chaque côté du fleuve. S'il eût été possible de plonger un regard sur ces vastes territoires, à peine aurait-on eu le temps d'en compter les villes et villages. Enfin, le soir venu, l'aéronef dépassait Moscou, sans même saluer le drapeau du Kremlin. En dix heures, il avait enlevé les deux mille kilomètres qui séparent Astrakan de l'ancienne capitale de toutes les Russies.

De Moscou à Pétersbourg, la ligne du chemin de fer ne compte pas plus de douze cents kilomètres. C'était donc l'affaire d'une demi-journée. Aussi, l'*Albatros*, exact comme un express, atteignit-il Pétersbourg et les bords de la Neva vers deux heures du matin. La clarté de la nuit, sous cette haute latitude qu'abandonne si peu le soleil de juin, permit d'embrasser un instant l'ensemble de cette vaste capitale.

Puis, ce furent le golfe de Finlande, l'archipel d'Abo, la Baltique, la Suède à la latitude de Stockholm, la Norvège à la latitude de Christiania. Dix heures seulement pour ces deux mille kilomètres! En vérité, on aurait pu le croire, aucune puissance humaine n'eût été capable désormais d'enrayer la vitesse de l'*Albatros*, comme si la résultante de sa force de projection et de l'attraction terrestre l'eût maintenu dans une trajectoire immuable autour du globe.

Il s'arrêta, cependant, et précisément au-dessus de la fameuse chute de Rjukanfos, en Norvège. Le Gousta, dont la cime domine cette admirable région du Telemark, fut comme une borne gigantesque qu'il ne devait pas dépasser dans l'ouest.

Aussi, à partir de ce point, l'*Albatros* revint-il franchement vers le sud, sans modérer sa vitesse.

Et, pendant ce vol invraisemblable, que faisait Frycollin? Frycollin demeurait muet au fond de sa cabine, dormant du mieux qu'il pouvait, sauf aux heures des repas.

François Tapage lui tenait alors compagnie et se jouait volontiers de ses terreurs.

« Eh! eh! mon garçon, disait-il, tu ne cries donc plus!... Faut pas te gêner pourtant!... Tu en serais quitte pour deux heures de suspension!... Hein!... avec la vitesse que nous avons maintenant, quel excellent bain d'air pour les rhumatismes!

— Il me semble que tout se disloque! répétait Frycollin.

— Peut-être bien, mon brave Fry! Mais nous allons si rapidement que nous ne pourrions même plus tomber!... Voilà qui est rassurant!

— Vous croyez?

— Foi de Gascon! »

Pour dire le vrai, et sans rien exagérer comme François Tapage, il était certain que, grâce à cette rapidité, le travail des hélices suspensives était quelque peu amoindri. L'*Albatros* glissait sur la couche d'air à la manière d'une fusée à la Congrève.

« Et ça durera longtemps comme cela? demandait Frycollin.

— Longtemps?... Oh non! répondait le maître-coq. Simplement toute la vie!

— Ah! faisait le nègre en recommençant ses lamentations.

— Prends garde, Fry, prends garde! s'écriait alors François Tapage, car, comme on dit dans mon pays, le maître pourrait bien t'envoyer à la balançoire! »

Et Frycollin, en même temps que les morceaux qu'il mettait en double dans sa bouche, ravalait ses soupirs.

Pendant ce temps, Uncle Prudent et Phil Evans, qui n'étaient point gens à récriminer inutilement, venaient de prendre un parti. Il était évident que la fuite ne pouvait plus s'effectuer. Toutefois, s'il n'était pas possible de remettre le pied sur le globe terrestre, ne pouvait-on faire savoir à ses habitants ce qu'étaient devenus, depuis leur disparition, le président et le secrétaire du Weldon-Institute, par qui ils avaient été enlevés, à bord de quelle machine volante ils étaient détenus, et provoquer peut-être, — de quelle façon, grand Dieu! — une audacieuse tentative de leurs amis pour les arracher aux mains de ce Robur?

Correspondre?... Et de quelle façon? Suffirait-il donc d'imiter les marins en détresse qui enferment dans une bouteille un document indiquant le lieu du naufrage et le jettent à la mer?

Mais ici, la mer, c'était l'atmosphère. La bouteille n'y surnagerait pas. A moins de tomber juste sur un passant, dont elle pourrait bien fracasser le crâne, elle risquerait de n'être jamais retrouvée.

En somme, les deux collègues n'avaient que ce moyen à leur disposition, et ils allaient sacrifier une des bouteilles du bord, quand Uncle Prudent eut une autre idée. Il prisait, on le sait, et on peut pardonner ce léger défaut à un Américain, qui pourrait faire pis. Or, en sa qualité de priseur, il possédait une tabatière, — vide maintenant. Cette tabatière était en aluminium. Une fois lancée au dehors, si quelque honnête citoyen la trouvait, il la ramasserait; s'il la ramassait, il la porterait à un bureau de police, et, là, on prendrait connaissance du document destiné à faire connaître la situation des deux victimes de Robur-le-Conquérant.

C'est ce qui fut fait. La note était courte, mais elle disait tout et donnait l'adresse du Weldon-Institute, avec prière de faire parvenir.

Puis, Uncle Prudent, après y avoir glissé la note, entoura la tabatière d'une épaisse bande de laine solidement ficelée, autant pour l'empêcher de s'ouvrir pendant la chute que de se briser sur le sol. Il n'y avait plus qu'à attendre une occasion favorable.

En réalité, la manœuvre la plus difficile, pendant cette prodigieuse traversée de l'Europe, c'était de sortir du rouffle, de ramper sur la plate-forme, au risque d'être emporté, et cela secrètement. D'autre part, il ne fallait pas que la tabatière tombât en quelque mer, golfe, lac ou tout autre cours d'eau. Elle eût été perdue.

Toutefois, il n'était pas impossible que les deux collègues réussissent par ce moyen à rentrer en communication avec le monde habité.

Mais il faisait jour en ce moment. Or, mieux valait attendre la nuit et profiter, soit d'une diminution de la vitesse, soit d'une halte, pour sortir du rouf. Peut-être pourrait-on alors gagner le bord de la plate-forme et ne laisser tomber la précieuse tabatière que sur une ville.

D'ailleurs, quand bien même toutes ces conditions se fussent alors rencontrées, le projet n'aurait pas pu être mis à exécution, — ce jour-là du moins.

L'*Albatros*, en effet, après avoir quitté la terre norvégienne à la hauteur du Gousta, avait appuyé vers le sud. Il suivait précisément le zéro de longitude qui n'est autre, en Europe, que le méridien de Paris. Il passa donc au-dessus de la mer du Nord, non sans provoquer une stupéfaction bien naturelle à bord de ces milliers de bâtiments qui font le cabotage entre l'Angleterre, la Hollande, la France et la Belgique. Si la tabatière ne tombait pas sur le pont même de l'un de ces navires, il y avait bien des chances pour qu'elle s'en allât par le fond.

Uncle Prudent et Phil Evans furent donc obligés d'attendre un moment plus favorable. Du reste, ainsi qu'on va le voir, une excellente occasion devait bientôt s'offrir à eux.

A dix heures du soir, l'*Albatros* venait d'atteindre les côtes de France, à peu près à la hauteur de Dunkerque. La nuit était assez sombre. Un instant, on put voir le phare de Gris-Nez croiser ses feux électriques avec ceux de Douvres, d'une rive à l'autre du détroit du Pas-de-Calais. Puis l'*Albatros* s'avança au-dessus du territoire français, en se maintenant à une moyenne altitude de mille mètres.

Sa vitesse n'avait point été modérée. Il passait comme une bombe au-dessus des villes, des bourgs, des villages, si nombreux en ces riches provinces de la France septentrionale. C'étaient, sur ce méridien de Paris, après Dunkerque, Doullens, Amiens, Creil, Saint-Denis. Rien ne le fit dévier de la ligne droite. C'est ainsi que, vers minuit, il arriva au-dessus de la « Ville-Lumière », qui mérite ce nom même quand ses habitants sont couchés — ou devraient l'être.

Par quelle étrange fantaisie l'ingénieur fut-il porté à faire halte au-dessus de la cité parisienne? on ne sait. Ce qui est certain, c'est que l'*Albatros* s'abaissa de manière à ne la dominer que de quelques centaines de pieds seulement. Robur sortit alors de sa cabine, et tout son personnel vint respirer un peu de l'air ambiant sur la plate-forme.

Uncle Prudent et Phil Evans n'eurent garde de manquer l'excellente occasion qui leur était offerte. Tous deux, après avoir quitté leur roufle, cherchèrent à s'isoler, afin de pouvoir choisir l'instant le plus propice. Il fallait surtout éviter d'être vu.

L'*Albatros*, semblable à un gigantesque scarabée, allait doucement au-dessus de la grande ville. Il parcourut la ligne des boulevards, si brillamment éclairés alors par les appareils Edison. Jusqu'à lui montait le bruit des voitures circulant encore dans les rues, et le roulement des trains sur les railways multiples qui rayonnent vers Paris. Puis, il vint planer à la hauteur des plus hauts monuments, comme s'il eût voulu heurter la boule du Panthéon ou la croix des Invalides. Il voleta depuis les deux minarets du Trocadéro jusqu'à la tour métallique du Champ de Mars, dont l'énorme réflecteur inondait toute la capitale de lueurs électriques.

Cette promenade aérienne, cette flânerie de noctambule, dura une heure environ. C'était comme une halte dans les airs, avant la reprise de l'interminable voyage.

Et même l'ingénieur Robur voulut, sans doute, donner aux Parisiens le spectacle d'un météore que n'avaient point prévu ses astronomes. Les fanaux de l'*Albatros* furent mis en activité. Deux gerbes brillantes se promenèrent sur les places, les squares, les jardins, les palais, sur les soixante mille maisons de la ville, en jetant d'immenses houppes de lumière d'un horizon à l'autre.

Certes, l'*Albatros* avait été vu, cette fois, — non seulement bien vu, mais

Uncle Prudent laissa tomber la tabatière. (Page 128.)

entendu aussi, car Tom Turner, embouchant sa trompette, envoya sur la cité une éclatante fanfare. A ce moment, Uncle Prudent, se penchant au-dessus de la rambarde, ouvrit la main et laissa tomber la tabatière....

Presque aussitôt l'*Albatros* s'éleva rapidement.

Alors, à travers les hauteurs du ciel parisien, monta un immense hurrah de la foule, grande encore sur les boulevards, — hurrah de stupéfaction qui s'adressait au fantaisiste météore.

Le soir venu... (Page 139.)

Soudain, les fanaux de l'aéronef s'éteignirent, l'ombre se refit autour de lui en même temps que le silence, et la route fut reprise avec une vitesse de deux cents kilomètres à l'heure.

C'était tout ce qu'on devait voir de la capitale de la France.

A quatre heures du matin, l'*Albatros* avait traversé obliquement tout le territoire. Puis, afin de ne pas perdre de temps à franchir les Pyrénées ou les Alpes, il se glissa à la surface de la Provence jusqu'à la pointe du Cap d'Antibes. A neuf heures, les San-Pietrini, assemblés sur la terrasse de Saint-Pierre de Rome, restaient ébahis en le voyant passer au-dessus de la Ville Éternelle. Deux heures après, dominant la baie de Naples, il se balançait un instant au milieu des volutes fuligineuses du Vésuve. Enfin, après avoir coupé la Méditerranée d'un vol oblique, dès la première heure de l'après midi, il était signalé par les vigies de la Goulette, sur la côte tunisienne.

Après l'Amérique, l'Asie! Après l'Asie, l'Europe! C'étaient plus de trente mille kilomètres que le prodigieux appareil venait de faire en moins de vingt-trois jours!

Et maintenant, le voilà qui s'engage au-dessus des régions connues ou inconnues de la terre d'Afrique!

. . . .
. . . .

Peut-être veut-on savoir ce qu'était devenue la fameuse tabatière, après sa chute?

La tabatière était tombée rue de Rivoli, en face du numéro 210, au moment où cette rue se trouvait déserte. Le lendemain, elle fut ramassée par une honnête balayeuse qui s'empressa de la porter à la Préfecture de Police.

Là, prise tout d'abord pour un engin explosif, elle fut déficelée, développée, ouverte avec une extrême prudence.

Soudain une sorte d'explosion se fit... Un éternuement formidable que n'avait pu retenir le Chef de la Sûreté.

Le document fut alors tiré de la tabatière, et, à la surprise générale, on y lut ce qui suit :

« Uncle Prudent et Phil Evans, président et secrétaire du Weldon-Institute de Philadelphie, enlevés dans l'aéronef *Albatros* de l'ingénieur Robur.

« Faire part aux amis et connaissances.
                                            « U. P. et P. E. »

C'était l'inexplicable phénomène enfin expliqué aux habitants des Deux Mondes. C'était le calme rendu aux savants des nombreux observatoires qui fonctionnent à la surface du globe terrestre.

XII

DANS LEQUEL L'INGÉNIEUR ROBUR AGIT COMME S'IL VOULAIT CONCOURIR POUR UN DES PRIX MONTHYON.

A cette étape du voyage de circumaviation de l'*Albatros*, il est certainement permis de se poser les questions suivantes :

Qu'est-ce donc, ce Robur, dont on ne connaît que le nom jusqu'ici ? Passe-t-il sa vie dans les airs ? Son aéronef ne se repose-t-il jamais ? N'a-t-il pas une retraite en quelque endroit inaccessible, dans laquelle, s'il n'a pas besoin de se reposer, il va du moins se ravitailler ? Il serait étonnant qu'il n'en fût pas ainsi. Les plus puissants volateurs ont toujours une aire ou un nid quelque part.

Accessoirement, qu'est ce que l'ingénieur compte faire de ses deux embarrassants prisonniers ? Prétend-il les garder en son pouvoir, les condamner à l'aviation à perpétuité ? Ou bien, après les avoir encore promenés au-dessus de l'Afrique, de l'Amérique du Sud, de l'Australasie, de l'Océan Indien, de l'Atlantique, du Pacifique, pour les convaincre malgré eux, a-t-il l'intention de leur rendre la liberté en disant :

« Maintenant, messieurs, j'espère que vous vous montrerez moins incrédules à l'endroit du « Plus lourd que l'air ! »

A ces questions, il est encore impossible de répondre. C'est le secret de l'avenir. Peut-être sera-t-il dévoilé un jour !

En tout cas, ce nid, l'oiseau Robur ne se mit pas en quête de le chercher sur la frontière septentrionale de l'Afrique. Il se plut à passer la fin de cette journée au-dessus de la régence de Tunis, depuis le cap Bon jusqu'au cap Carthage, tantôt voletant, tantôt planant au gré de ses caprices. Un peu après, il gagna vers l'intérieur et enfila l'admirable vallée de la Medjerda, en suivant son cours jaunâtre, perdu entre les buissons de cactus et de lauriers-roses. Combien, alors, il fit envoler de ces centaines de perruches qui, perchées sur les fils télégraphiques, semblent attendre les dépêches au passage pour les emporter sous leurs ailes!

Puis, la nuit venue, l'*Albatros* se balança au-dessus des frontières de la Kroumirie, et, s'il restait encore un Kroumir, celui-là ne manqua pas de tomber la face contre terre et d'invoquer Allah à l'apparition de cet aigle gigantesque.

Le lendemain matin, ce fut Bône et les gracieuses collines de ses environs; ce fut Philippeville, maintenant un petit Alger, avec ses nouveaux quais en arcades, ses admirables vignobles, dont les ceps verdoyants hérissent toute cette campagne, qui semble avoir été découpée dans le Bordelais ou les terroirs de la Bourgogne.

Cette promenade de cinq cents kilomètres, au-dessus de la grande et de la petite Kabylie, se termina vers midi à la hauteur de la Kasbah d'Alger. Quel spectacle pour les passagers de l'aéronef! la rade ouverte entre le Cap Matifou et la Pointe Pescade, ce littoral meublé de palais, de marabouts, de villas, ces vallées capricieuses, revêtues de leurs manteaux de vignobles, cette Méditerranée, si bleue, sillonnée de Transatlantiques qui ressemblaient à des canots à vapeur! Et ce fut ainsi jusqu'à Oran la pittoresque, dont les habitants, attardés au milieu des jardins de la citadelle, purent voir l'*Albatros* se confondre avec les premières étoiles du soir.

Si Uncle Prudent et Phil Evans se demandèrent à quelle fantaisie obéissait l'ingénieur Robur en promenant leur prison volante au-dessus de la terre algérienne — cette continuation de la France de l'autre côté d'une mer qui a mérité le nom de lac français, — ils durent penser que sa fantaisie était satisfaite, deux heures après le coucher du soleil. Un coup de barre du timonier venait d'envoyer l'*Albatros* vers le sud-est, et, le lendemain, après s'être dégagé de la partie montagneuse du Tell, il vit l'astre du jour se lever sur les sables du Sahara.

Voici quel fut l'itinéraire de la journée du 8 juillet. Vue de la petite bourgade de Géryville, créée comme Laghouat, sur la limite du désert, pour faciliter la conquête ultérieure de la Kabylie. Passage du col de Stillen, non sans quelque difficulté, contre une brise assez violente. Traversée du désert, tantôt avec lenteur, au-dessus des verdoyantes oasis ou des ksars, tantôt avec une rapidité fougueuse qui distançait le vol des gypaëtes. Plusieurs fois même, il fallut faire feu contre ces redoutables oiseaux, qui, par bandes de douze ou quinze, ne craignaient pas de se précipiter sur l'aéronef, à l'extrême épouvante de Frycollin.

Mais, si les gypaëtes ne pouvaient répondre que par des cris effroyables, par des coups de bec et de patte, les indigènes, non moins sauvages, ne lui épargnèrent pas les coups de fusil, surtout quand il eût dépassé la montagne de Sel, dont la charpente, verte et violette, perçait sous son manteau blanc. On dominait alors le grand Sahara. Là gisaient encore les restes des bivacs d'Abdel-Kader. Là, le pays est toujours dangereux au voyageur européen, principalement dans la confédération du Beni-Mzal.

L'*Albatros* dut alors regagner de plus hautes zones, afin d'échapper à une saute de simoun qui promenait une lame de sable rougeâtre à la surface du sol, comme eût fait un raz de marée à la surface de l'Océan. Ensuite les plateaux désolés de la Chebka étalèrent leur ballast de laves noirâtres jusqu'à la fraîche et verte vallée d'Aïn-Massin. On se figurerait difficilement la variété de ces territoires que le regard pouvait embrasser dans leur ensemble. Aux collines couvertes d'arbres et d'arbustes succédaient de longues ondulations grisâtres, drapées comme les plis d'un burnous arabe dont les cassures superbes accidentaient le sol. Au loin apparaissaient des « oueds » aux eaux torrentueuses, des forêts de palmiers, des pâtés de petites huttes groupées sur un mamelon, autour d'une mosquée, entre autres Metliti, où végète un chef religieux, le grand Marabout Sidi Chick.

Avant la nuit, quelques centaines de kilomètres furent enlevées au-dessus d'un territoire assez plat, sillonné de grandes dunes. Si l'*Albatros* eût voulu faire halte, il aurait alors atterri dans les bas-fonds de l'oasis de Ouargla, blottie sous une immense forêt de palmiers. La ville se montra très visiblement avec ses trois quartiers distincts, l'ancien palais du Sultan, sorte de Kasbah fortifiée, ses maisons construites en briques que le soleil s'est chargé de cuire, et ses puits artésiens, forés dans la vallée, où l'aéronef eût pu refaire sa provision liquide. Mais, grâce à son extraordinaire vitesse, les eaux de l'Hydaspe, puisées dans la vallée de Cachemir, remplissaient encore ses charniers au milieu des déserts de l'Afrique.

L'*Albatros* fut-il vu des Arabes, des Mozabites et des nègres qui se partagent l'oasis de Ouargla? A coup sûr, puisqu'il fut salué de quelques centaines de coups de fusil, dont les balles retombèrent sans avoir pu l'atteindre.

Puis la nuit vint, cette nuit silencieuse du désert, dont Félicien David a si poétiquement noté tous les secrets.

Pendant les heures suivantes, on redescendit dans le sud-ouest, en coupant les routes d'El-Goléa, dont l'une a été reconnue, en 1859, par l'intrépide Français Duveyrier.

L'obscurité était profonde. On ne put rien voir du railway trans-saharien en construction d'après le projet Duponchel, — long ruban de fer qui doit relier Alger à Tombouctou par Laghouat, Gardaia, et atteindre plus tard le golfe de Guinée.

L'*Albatros* entra alors dans la région équatoriale, au delà du tropique du Cancer. A mille kilomètres de la frontière septentrionale du Sahara, il franchissait la route où le major Laing trouva la mort en 1846; il coupait le chemin des caravanes du Maroc au Soudan, et, sur cette portion du désert qu'écument les Touaregs, il entendait ce qu'on appelle le « chant des sables », murmure doux et plaintif qui semble s'échapper du sol.

Un seul incident : une nuée de sauterelles s'éleva dans l'espace, et il en tomba une telle cargaison à bord que le navire aérien menaça de « sombrer. » Mais on se hâta de rejeter cette surcharge, sauf quelques centaines dont François Tapage fit provision. Et il les accommoda d'une façon si succulente, que Frycollin en oublia un instant ses transes perpétuelles.

« Ça vaut les crevettes! » disait-il.

On était alors à dix-huit cents kilomètres de l'oasis d'Ouargla, presque sur la limite nord de cet immense royaume du Soudan.

Aussi, vers deux heures après midi, une cité apparut dans le coude d'un grand fleuve. Le fleuve, c'était le Niger. La cité, c'était Tombouctou.

Si, jusqu'alors, il n'y avait eu à visiter cette Meckke africaine que des voyageurs de l'Ancien Monde, les Batouta, les Khazan, les Imbert, les Mungo-Park, les Adams, les Laing, les Caillé, les Barth, les Lenz, ce jour-là, par les hasards de la plus singulière aventure, deux Américains allaient pouvoir en parler *de visu, de auditu* et même *de olfactu*, à leur retour en Amérique, — s'ils devaient jamais y revenir.

De visu, parce que leur regard put se porter sur tous les points de ce triangle de cinq à six kilomètres, que forme la ville ; — *de auditu*, parce que ce jour était un jour de grand marché et qu'il s'y faisait un bruit effroyable ; — *de olfactu*, parce que le nerf olfactif ne pouvait être que très désagréablement affecté par les odeurs de la place de Youbou-Kamo, où s'élève la halle aux viandes, près du palais des anciens rois So-maïs.

En tout cas, l'ingénieur ne crut pas devoir laisser ignorer au président et au secrétaire du Weldon-Institute qu'ils avaient l'heur extrême de contempler la Reine du Soudan, maintenant au pouvoir des Touâregs de Tagunet.

« Messieurs, Tombouctou ! » leur dit-il du même ton qu'il leur avait déjà dit, douze jours avant : « l'Inde, Messieurs ! »

Puis, il continua :

« Tombouctou, par 18° de latitude nord et 5°56′ de longitude à l'ouest du méridien de Paris, avec une cote de deux cent quarante-cinq mètres au-dessus du niveau moyen de la mer. Importante cité de douze à treize mille habitants, jadis illustrée par l'art et la science ! — Peut-être auriez-vous le désir d'y faire halte pendant quelques jours ? »

Une pareille proposition ne pouvait être qu'ironiquement faite par l'ingénieur.

« Mais, reprit-il, ce serait dangereux pour des étrangers, au milieu des Nègres, des Berbères, des Foullanes et des Arabes qui l'occupent — surtout si j'ajoute que notre arrivée en aéronef pourrait bien leur déplaire.

— Monsieur, répondit Phil Evans sur le même ton, pour avoir le plaisir de vous quitter, nous risquerions volontiers d'être mal reçus de ces indigènes. Prison pour prison, mieux vaut Tombouctou que l'*Albatros* !

La petite pièce d'artillerie du bord... (Page 144.)

— Cela dépend des goûts, répliqua l'ingénieur. En tout cas, je ne tenterai pas l'aventure, car je réponds de la sécurité des hôtes qui me font l'honneur de voyager avec moi....

— Ainsi donc, ingénieur Robur, dit Uncle Prudent, dont l'indignation éclatait, vous ne vous contentez pas d'être notre geôlier? A l'attentat vous joignez l'insulte?

— Oh! l'ironie tout au plus!

UNE BONNE ACTION.

Quelle déroute!... (Page 146.)

— N'y a-t-il donc pas d'armes à bord?

— Si, tout un arsenal!

— Deux revolvers suffiraient si j'en tenais un, monsieur, et si vous teniez l'autre!

— Un duel! s'écria Robur, un duel, qui pourrait amener la mort de l'un de nous!

— Qui l'amènerait certainement!

— Eh bien, non, président du Weldon-Institute! Je préfère de beaucoup vous garder vivant!

— Pour être plus sûr de vivre vous-même! Cela est sage!

— Sage ou non, c'est ce qui me convient. Libre à vous de penser autrement et de vous plaindre à qui de droit, si vous le pouvez.

— C'est fait, ingénieur Robur!

— Vraiment?

— Était-il donc si difficile, lorsque nous traversions les parties habitées de l'Europe, de laisser tomber un document...

— Vous auriez fait cela? dit Robur, emporté par un irrésistible mouvement de colère.

— Et si nous l'avions fait?

— Si vous l'aviez fait... vous mériteriez...

— Quoi donc, monsieur l'ingénieur?

— D'aller rejoindre votre document par-dessus le bord!

— Jetez-nous donc! s'écria Uncle Prudent. Nous l'avons fait! »

Robur s'avança sur les deux collègues. A un geste de lui, Tom Turner et quelques-uns de ses camarades étaient accourus. Oui! l'ingénieur eut une furieuse envie de mettre sa menace à exécution, et, sans doute, de peur d'y succomber, il rentra précipitamment dans sa cabine.

« Bien! dit Phil Evans.

— Et ce qu'il n'a pas osé faire, répondit Uncle Prudent, je l'oserai, moi! Oui! je le ferai! »

En ce moment, la population de Tombouctou s'amassait au milieu des places, à travers les rues, sur les terrasses des maisons bâties en amphithéâtre. Dans les riches quartiers de Sankore et de Sarahama, comme dans les misérables huttes coniques du Raguidi, les prêtres lançaient du haut des minarets leurs plus violentes malédictions contre le monstre aérien. C'était plus inoffensif que des balles de fusils.

Il n'était pas jusqu'au port de Kabara, situé dans le coude du Niger, où le personnel des flottilles ne fût en mouvement. Certes, si l'*Albatros* eût pris terre, il aurait été mis en pièces.

Pendant quelques kilomètres, des bandes criardes de cigognes, de francolins et d'ibis l'escortèrent en luttant de vitesse avec lui; mais son vol rapide les eut bientôt distancés.

Le soir venu, l'air fut troublé par le mugissement de nombreux troupeaux d'éléphants et de buffles, qui parcouraient ce territoire, dont la fécondité est vraiment merveilleuse.

Durant vingt-quatre heures, toute la région, renfermée entre le méridien zéro et le deuxième degré dans le crochet du Niger, se déroula sous l'*Albatros*.

En vérité, si quelque géographe avait eu à sa disposition un semblable appareil, avec quelle facilité il aurait pu faire le levé topographique de ce pays, obtenir des cotes d'altitude, fixer le cours des fleuves et de leurs affluents, déterminer la position des villes et des villages! Alors, plus de ces grands vides sur les cartes de l'Afrique centrale, plus de blancs à teintes pâles, à lignes de pointillé, plus de ces désignations vagues, qui font le désespoir des cartographes!

Le 11, dans la matinée, l'*Albatros* dépassa les montagnes de la Guinée septentrionale, resserrée entre le Soudan et le golfe qui porte son nom. A l'horizon se profilaient confusément les monts Kong du royaume de Dahomey.

Depuis le départ de Tombouctou, Uncle Prudent et Phil Evans avaient pu constater que la direction avait toujours été du nord au sud. De là, cette conclusion que, si elle ne se modifiait pas, ils rencontreraient, six degrés au delà, la ligne équinoxiale. L'*Albatros* allait-il donc encore abandonner les continents et se lancer, non plus sur une mer de Behring, une mer Caspienne, une mer du Nord ou une Méditerranée, mais au-dessus de l'Océan Atlantique?

Cette perspective n'était pas pour apaiser les deux collègues, dont les chances de fuite deviendraient nulles alors.

Cependant l'*Albatros* faisait petite route, comme s'il hésitait au moment de quitter la terre africaine. Est-ce que l'ingénieur songeait à revenir en arrière? Non! Mais son attention était particulièrement attirée sur ce pays qu'il traversait alors.

On sait, — et il le savait aussi, — ce qu'est le royaume du Dahomey, l'un des plus puissants du littoral ouest de l'Afrique. Assez fort pour avoir pu lutter avec son voisin, le royaume des Aschantis, ses limites sont restreintes cependant, puisqu'il ne compte que cent vingt lieues du sud au nord et soixante de l'est à l'ouest; mais sa population comprend de sept à huit cent mille habitants, depuis qu'il s'est adjoint les territoires indépendants d'Ardrah et de Wydah.

S'il n'est pas grand, ce royaume de Dahomey, il a souvent fait parler de lui. Il est célèbre par les cruautés effroyables qui marquent ses fêtes annuelles, par ses sacrifices humains, épouvantables hécatombes, destinées à honorer le souverain qui s'en va et le souverain qui le remplace. Il est même de bonne politesse, lorsque le roi de Dahomey reçoit la visite de quelque haut personnage ou d'un ambassadeur étranger, qu'il lui fasse la surprise d'une douzaine de têtes coupées en son honneur, — et coupées par le ministre de la justice, le « minghan », qui s'acquitte à merveille de ces fonctions de bourreau.

Or, à l'époque où l'*Albatros* passait la frontière du Dahomey, le souverain Bâhadou venait de mourir, et toute la population allait procéder à l'intronisation de son successeur. De là, un grand mouvement dans tout le pays, mouvement qui n'avait pas échappé à Robur.

En effet, de longues files de Dahomiens des campagnes se dirigeaient alors vers Abomey, la capitale du royaume. Routes bien entretenues, qui rayonnent entre de vastes plaines couvertes d'herbes géantes, immenses champs de manioc, forêts magnifiques de palmiers, de cocotiers, de mimosas, d'orangers, de manguiers, tel était le pays, dont les parfums montaient jusqu'à l'*Albatros*, tandis que, par milliers, perruches et cardinaux s'envolaient de toute cette verdure.

L'ingénieur, penché au-dessus de la rambarde, absorbé dans ses réflexions, n'échangeait que peu de mots avec Tom Turner.

Il ne semblait pas, d'ailleurs, que l'*Albatros* eût le privilège d'attirer l'attention de ces masses mouvantes, le plus souvent invisibles sous le dôme impénétrable des arbres. Cela venait, sans doute, de ce qu'il se tenait à une assez grande altitude au milieu de légers nuages.

Vers onze heures du matin, la capitale apparut dans sa ceinture de murailles, défendue par un fossé mesurant douze milles de tour, rues larges et régulièrement tracées sur un sol plat, grande place dont le côté nord est occupé par le palais du roi. Ce vaste ensemble de constructions est dominé par une terrasse, non loin de la case des sacrifices. Pendant les jours de fête, c'est du haut de cette terrasse qu'on jette au peuple des prisonniers attachés dans des corbeilles d'osier, et on s'imaginerait malaisément avec quelle furie ces malheureux sont mis en pièces.

Dans une partie des cours qui divisent le palais du souverain, sont logées quatre mille guerrières, un des contingents de l'armée royale, — non le moins courageux.

S'il est contestable qu'il y ait des Amazones sur le fleuve de ce nom, ce n'est plus douteux au Dahomey. Les unes portent la chemise bleue, l'écharpe bleue ou rouge, le caleçon blanc rayé de bleu, la calotte blanche, la cartouchière attachée à la ceinture; les autres, chasseresses d'éléphants, sont armées de la lourde carabine, du poignard à lame courte, et de deux cornes d'antilope fixées à leur tête par un cercle de fer; celles-ci, les artilleuses, ont la tunique mi-partie bleue et rouge, et pour arme le tromblon, avec de vieux canons de fonte; celles-là, enfin, bataillon de jeunes filles, à tuniques bleues, à culottes blanches, sont de véritables vestales, pures comme Diane, et, comme elle, armées d'arcs et de flèches.

Qu'on ajoute à ces Amazones cinq à six mille hommes en caleçons, en chemises de cotonnade, avec une étoffe nouée à la taille, et on aura passé en revue l'armée dahomienne.

Abomey était, ce jour-là, absolument déserte. Le souverain, le personnel royal, l'armée masculine et féminine, la population, avaient quitté la capitale pour envahir, à quelques milles de là, une vaste plaine entourée de bois magnifiques.

C'est sur cette plaine que devait s'accomplir la reconnaissance du nouveau roi. C'est là que des milliers de prisonniers, faits dans les dernières razzias, allaient être immolés en son honneur.

Il était deux heures environ, lorsque l'*Albatros*, arrivé au-dessus de la plaine, commença à descendre au milieu de quelques vapeurs qui le dérobaient encore aux yeux des Dahomiens.

Ils étaient là soixante mille, au moins, venus de tous les points du royaume, de Widah, de Kerapay, d'Ardrah, de Tombory, des villages les plus éloignés.

Le nouveau roi, — un vigoureux gaillard, nommé Bou-Nadi, — âgé de vingt-cinq ans, occupait un tertre ombragé d'un groupe d'arbres à large ramure. Devant lui se pressait sa nouvelle cour, son armée mâle, ses amazones, tout son peuple.

Au pied du tertre, une cinquantaine de musiciens jouaient de leurs instruments barbares, défenses d'éléphants qui rendent un son rauque, tambours tendus d'une peau de biche, calebasses, guitares, clochettes frappées d'une languette de fer, flûtes de bambou dont l'aigre sifflet dominait tout l'ensemble. Puis, à chaque instant, décharges de fusils et de tromblons, décharges des canons dont les affûts tressautaient au risque d'écraser les artilleuses, enfin brouhaha général et clameurs si intenses qu'elles auraient dominé les éclats de la foudre.

Dans un coin de la plaine, sous la garde des soldats, étaient entassés les captifs chargés d'accompagner dans l'autre monde le roi défunt, auquel la mort ne doit rien faire perdre des privilèges de la souveraineté. Aux obsèques de Ghozo, père de Bâhadou, son fils lui en avait envoyé trois mille. Bou-Nadi ne pouvait faire moins pour son prédécesseur. Ne faut-il pas de nombreux messagers pour rassembler non seulement les Esprits, mais tous les hôtes du ciel, conviés à faire cortège au monarque divinisé?

Pendant une heure, il n'y eut que discours, harangues, palabres, coupés de danses exécutées, non seulement par les bayadères attitrées, mais aussi par les amazones qui y déployèrent une grâce toute belliqueuse.

Mais le moment de l'hécatombe approchait. Robur, qui connaissait les sanglantes coutumes de Dahomey, ne perdait pas de vue les captifs, hommes, femmes, enfants, réservés à cette boucherie.

Le minghan se tenait au pied du tertre. Il brandissait son sabre d'exécuteur à lame courbe, surmonté d'un oiseau de métal, dont le poids rend la volte plus assurée.

Cette fois, il n'était pas seul. Il n'aurait pu suffire à la besogne. Auprès de lui étaient groupés une centaine de bourreaux, habiles à trancher les têtes d'un seul coup.

Cependant l'*Albatros* se rapprochait peu à peu, obliquement, en modérant ses hélices suspensives et propulsives. Bientôt il sortit de la couche des nuages qui le cachaient à moins de cent mètres de terre, et, pour la première fois, il apparut.

Contrairement à ce qui se passait d'habitude, ces féroces indigènes ne virent en lui qu'un être céleste descendu tout exprès pour rendre hommage au roi Bahadou.

Alors enthousiasme indescriptible, appels interminables, supplications bruyantes, prières générales, adressées à ce surnaturel hippogriffe qui venait sans doute prendre le corps du roi défunt afin de le transporter dans les hauteurs du ciel dahomien.

En ce moment, la première tête vola sous le sabre du minghan. Puis, d'autres prisonniers furent amenés par centaines devant leurs horribles bourreaux.

Soudain, un coup de fusil partit de l'*Albatros*. Le ministre de la justice tomba, la face contre terre.

« Bien visé, Tom ! dit Robur.

— Bah !... Dans le tas ! » répondit le contremaître.

Ses camarades, armés comme lui, étaient prêts à tirer au premier signal de l'ingénieur.

Mais un revirement s'était fait dans la foule. Elle avait compris. Ce monstre ailé, ce n'était point un Esprit favorable, c'était un Esprit hostile à ce bon peuple du Dahomey. Aussi, après la chute du minghan, des cris de représailles s'élevèrent-ils de toutes parts. Presque aussitôt, une fusillade éclata au-dessus de la plaine.

Ces menaces n'empêchèrent pas l'*Albatros* de descendre audacieusement à moins de cent cinquante pieds du sol. Uncle Prudent et Phil Evans, quels que fussent leurs sentiments envers Robur, ne pouvaient que s'associer à une pareille œuvre d'humanité.

Un curieux phénomène de lueurs crépusculaires... (Page 149.)

« Oui! délivrons les prisonniers! s'écrièrent-ils.

— C'est mon intention! » répondit l'ingénieur.

Et les fusils à répétition de l'*Albatros*, entre les mains des deux collègues comme entre les mains de l'équipage, commencèrent un feu de mousqueterie, dont pas une balle n'était perdue au milieu de cette masse humaine. Et même la petite pièce d'artillerie du bord, braquée sous son angle le plus fermé, envoya à propos quelques boîtes à mitraille qui firent merveille.

L'*Albatros* enveloppé dans le tourbillon... (Page 151.)

Aussitôt les prisonniers, sans rien comprendre à ce secours venu d'en haut, rompirent leurs liens, pendant que les soldats ripostaient aux feux de l'aéronef. L'hélice antérieure fut traversée d'une balle, tandis que quelques autres projectiles l'atteignaient en pleine coque. Frycollin, caché au fond de sa cabine, faillit même être touché à travers la paroi du rouffle.

« Ah! ils veulent en goûter! » s'écria Tom Turner.

Et, s'affalant dans la soute aux munitions, il revint avec une douzaine de cartouches de dynamite qu'il distribua à ses camarades. A un signe de Robur, ces cartouches furent lancées au-dessus du tertre, et, en heurtant le sol, elles éclatèrent comme de petits obus.

Quelle déroute du roi, de la cour, de l'armée, du peuple, en proie à une épouvante que ne justifiait que trop une pareille intervention! Tous avaient cherché refuge sous les arbres, pendant que les prisonniers s'enfuyaient, sans que personne songeât à les poursuivre.

Ainsi furent troublées les fêtes en l'honneur du nouveau roi de Dahomey. Ainsi Uncle Prudent et Phil Evans durent reconnaître de quelle puissance disposait un tel appareil, et quels services il pouvait rendre à l'humanité.

Ensuite, l'*Albatros* remonta tranquillement dans la zone moyenne ; il passa au-dessus de Wydah, et il eut bientôt perdu de vue cette côte sauvage que les vents de sud-ouest entourent d'un inabordable ressac.

Il planait sur l'Atlantique.

XIII

DANS LEQUEL UNCLE PRUDENT ET PHIL EVANS TRAVERSENT TOUT UN OCÉAN, SANS AVOIR LE MAL DE MER.

Oui, l'Atlantique! Les craintes des deux collègues s'étaient réalisées. Il ne semblait pas, d'ailleurs, que Robur éprouvât la moindre inquiétude à s'aventurer au-dessus de ce vaste Océan. Cela n'était pas pour le préoccuper, ni ses hommes, qui devaient avoir l'habitude de pareilles traversées. Déjà ils étaient tranquillement rentrés dans le poste. Aucun cauchemar ne dut troubler leur sommeil.

Où allait l'*Albatros*? Ainsi que l'avait dit l'ingénieur, devait-il donc faire plus que le tour du monde ? En tout cas, il faudrait bien que ce voyage se terminât

quelque part. Que Robur passât sa vie dans les airs, à bord de l'aéronef et
n'atterrît jamais, cela n'était pas admissible. Comment eût-il pu renouveler ses
approvisionnements en vivres et munitions, sans parler des substances néces-
saires au fonctionnement des machines ? Il fallait, de toute nécessité, qu'il eût
une retraite, un port de relâche, si l'on veut, en quelque endroit ignoré et
inaccessible du globe, où l'*Albatros* pouvait se réapprovisionner. Qu'il eût
rompu toute relation avec les habitants de la terre, soit ! mais avec tout point
de la surface terrestre, non !

S'il en était ainsi, où gisait ce point ? Comment l'ingénieur avait-il été amené
à le choisir ? Y était-il attendu par une petite colonie dont il était le chef ?
Pouvait-il y recruter un nouveau personnel ? Et d'abord, pourquoi ces gens,
d'origines diverses, s'étaient-ils attachés à sa fortune ? Puis, de quelles ressources disposait-il pour avoir pu fabriquer un aussi coûteux appareil, dont
la construction avait été tenue si secrète ? Il est vrai, son entretien ne semblait
pas être dispendieux. A bord, on vivait d'une existence commune, d'une vie
de famille, en gens heureux qui ne se cachaient pas de l'être. Mais enfin, quel
était ce Robur ? D'où venait-il ? Quel avait été son passé ? Autant d'énigmes
impossibles à résoudre, et celui qui en était l'objet ne consentirait jamais,
sans doute, à en donner le mot.

Qu'on ne s'étonne donc pas si cette situation, toute faite de problèmes inso-
lubles, devait surexciter les deux collègues. Se sentir ainsi emportés dans
l'inconnu, ne pas entrevoir l'issue d'une pareille aventure, douter même si
jamais elle aurait une fin, être condamnés à l'aviation perpétuelle, n'y avait-il
pas de quoi pousser à quelque extrémité terrible le président et le secrétaire
du Weldon-Institute ?

En attendant, depuis cette soirée du 14 juillet, l'*Albatros* filait au-dessus
de l'Atlantique. Le lendemain, lorsque le soleil apparut, il se leva sur cette
ligne circulaire où viennent se confondre le ciel et l'eau. Pas une seule terre
en vue, si vaste que fût le champ de vision. L'Afrique avait disparu sous
l'horizon du nord.

Lorsque Frycollin se fut hasardé hors de sa cabine, lorsqu'il vit toute
cette mer au-dessous de lui, la peur le reprit au galop. Au-dessous n'est pas

le mot juste, mieux vaudrait dire autour de lui, car, pour un observateur placé dans ces zones élevées, l'abîme semble l'entourer de toutes parts, et l'horizon, relevé à son niveau, semble reculer, sans qu'on puisse jamais en atteindre les bords.

Sans doute, Frycollin ne s'expliquait pas physiquement cet effet, mais il le sentait moralement. Cela suffisait pour provoquer en lui « cette horreur de l'abîme », dont certaines natures, braves cependant, ne peuvent se dégager. En tout cas, par prudence, le nègre ne se répandit pas en récriminations. Les yeux fermés, les bras tâtonnants, il rentra dans sa cabine avec la perspective d'y rester longtemps.

En effet, sur les trois cent soixante-quatorze millions cinquante-sept mille neuf cent douze mètres carrés[1] qui représentent la superficie des mers, l'Atlantique en occupe plus du quart. Or, il ne semblait pas que l'ingénieur fût pressé dorénavant. Aussi n'avait-il pas donné ordre de pousser l'appareil à toute vitesse. D'ailleurs, l'*Albatros* n'aurait pu retrouver la rapidité qui l'avait emporté au-dessus de l'Europe à raison de deux cents kilomètres à l'heure. En cette région où dominent les courants du sud-ouest, il avait le vent debout, et, bien que ce vent fût faible encore, il ne laissait pas de lui donner prise.

Dans cette zone intertropicale, les plus récents travaux des météorologistes, appuyés sur un grand nombre d'observations, ont permis de reconnaître qu'il y a une convergence des alizés, soit vers le Sahara, soit vers le golfe du Mexique. En dehors de la région des calmes, ou ils viennent de l'ouest et portent vers l'Afrique, ou ils viennent de l'est et portent vers le Nouveau Monde, — au moins durant la saison chaude.

L'*Albatros* ne chercha donc point à lutter contre les brises contraires de toute la puissance de ses propulseurs. Il se contenta d'une allure modérée, qui dépassait, d'ailleurs, celle des plus rapides Transatlantiques.

Le 13 juillet, l'aéronef traversa la ligne équinoxiale, — ce qui fut annoncé à tout le personnel.

C'est ainsi que Uncle Prudent et Phil Evans apprirent qu'ils venaient de

1. La surface des terres est de 136,051,371 kilomètres carrés.

quitter l'hémisphère boréal pour l'hémisphère austral. Ce passage de la ligne, n'entraîna aucune des épreuves et cérémonies dont il est accompagné à bord de certains navires de guerre ou de commerce.

Seul, François Tapage se contenta de verser une pinte d'eau dans le cou de Frycollin; mais, comme ce baptême fut suivi de quelques verres de gin, le nègre se déclara prêt à passer la ligne autant de fois qu'on le voudrait, pourvu que ce ne fût pas sur le dos d'un oiseau mécanique qui ne lui inspirait aucune confiance.

Dans la matinée du 15, l'*Albatros* fila entre les îles de l'Ascension et de Sainte-Hélène, — toutefois plus près de cette dernière, dont les hautes terres se montrèrent à l'horizon pendant quelques heures.

Certes, à l'époque où Napoléon était au pouvoir des Anglais, s'il eût existé un appareil analogue à celui de l'ingénieur Robur, Hudson Lowe, en dépit de ses insultantes précautions, aurait bien pu voir son illustre prisonnier lui échapper par la voie des airs!

Pendant les soirées des 16 et 17 juillet, un curieux phénomène de lueurs crépusculaires se produisit à la tombée du jour. Sous une latitude plus élevée, on aurait pu croire à l'apparition d'une aurore boréale. Le soleil, à son coucher, projeta des rayons multicolores, dont quelques-uns s'imprégnaient d'une ardente couleur verte.

Était-ce un nuage de poussières cosmiques que la terre traversait alors et qui réfléchissaient les dernières clartés du jour? Quelques observateurs ont donné cette explication aux lueurs crépusculaires. Mais cette explication n'aurait pas été maintenue, si ces savants se fussent trouvés à bord de l'aéronef.

Examen fait, il fut constaté qu'il y avait en suspension dans l'air de petits cristaux de pyroxène, des globules vitreux, de fines particules de fer magnétique, analogues aux matières que rejettent certaines montagnes ignivomes. Dès lors, nul doute qu'un volcan en éruption n'eût projeté dans l'espace ce nuage, dont les corpuscules cristallins produisaient le phénomène observé — nuage que les courants aériens tenaient alors en suspension au-dessus de l'Atlantique.

Au surplus, pendant cette partie du voyage plusieurs autres phénomènes furent encore observés. A diverses reprises, certaines nuées donnaient au ciel une teinte grise d'un singulier aspect ; puis, si l'on dépassait ce rideau de vapeurs, sa surface apparaissait toute mamelonnée de volutes éblouissantes d'un blanc cru, semées de petites paillettes solidifiées — ce qui, sous cette latitude, ne peut s'expliquer que par une formation identique à celle de la grêle.

Dans la nuit du 17 au 18, apparition d'un arc-en-ciel lunaire d'un jaune verdâtre, par suite de la position de l'aéronef entre la pleine lune et un réseau de pluie fine qui se volatilisait avant d'avoir atteint la mer.

De ces divers phénomènes, pouvait-on conclure à un prochain changement de temps? Peut-être. Quoi qu'il en soit, le vent, qui soufflait du sud-ouest depuis le départ de la côte d'Afrique, avait commencé à calmir dans les régions de l'Équateur. En cette zone tropicale, il faisait extrêmement chaud. Robur alla donc chercher la fraîcheur dans des couches plus élevées. Encore fallait-il s'abriter contre les rayons du soleil dont la projection directe n'eût pas été supportable.

Cette modification dans les courants aériens faisait certainement pressentir que d'autres conditions climatériques se présenteraient au delà des régions équinoxiales. Il faut, d'ailleurs, observer que le mois de juillet de l'hémisphère austral, c'est le mois de janvier de l'hémisphère boréal, c'est-à-dire le cœur de l'hiver. L'*Albatros*, s'il descendait plus au sud, allait bientôt en éprouver les effets.

Du reste, la mer « sentait cela », comme disent les marins. Le 18 juillet, au delà du Tropique du Capricorne, un autre phénomène se manifesta, dont un navire eût pu prendre quelque effroi.

Une étrange succession de lames lumineuses se propageait à la surface de l'océan avec une rapidité telle qu'on ne pouvait l'estimer à moins de soixante milles à l'heure. Ces lames chevauchaient à une distance de quatre-vingts pieds l'une de l'autre, en traçant de longs sillons de lumière. Avec la nuit qui commençait à venir, un intense reflet montait jusqu'à l'*Albatros*. Cette fois, il aurait pu être pris pour quelque bolide enflammé. Jamais Robur n'avait eu l'occasion de planer sur une mer de feu, — feu sans chaleur qu'il n'eut pas besoin de fuir en s'élevant dans les hauteurs du ciel.

L'électricité devait être la cause de ce phénomène, car on ne pouvait l'attribuer à la présence d'un banc de frai de poissons ou d'une nappe de ces animalcules dont l'accumulation produit la phosphorescence.

Cela donnait à supposer que la tension électrique de l'atmosphère devait être alors très considérable.

Et, en effet, le lendemain, 19 juillet, un bâtiment se fût peut-être trouvé en perdition sur cette mer. Mais l'*Albatros* se jouait des vents et des lames, semblable au puissant oiseau dont il portait le nom. S'il ne lui plaisait pas de se promener à leur surface comme les pétrels, il pouvait, comme les aigles, trouver dans les hautes couches le calme et le soleil.

A ce moment, le quarante-septième parallèle sud avait été dépassé. Le jour ne durait pas plus de sept à huit heures. Il devait diminuer à mesure qu'on approcherait des régions antarctiques.

Vers une heure de l'après-midi, l'*Albatros* s'était sensiblement abaissé pour chercher un courant plus favorable. Il volait au-dessus de la mer à moins de cent pieds de sa surface.

Le temps était calme. En de certains endroits du ciel, de gros nuages noirs, mamelonnés à leur partie supérieure, se terminaient par une ligne rigide, absolument horizontale. De ces nuages s'échappaient des protubérances allongées, dont la pointe semblait attirer l'eau qui bouillonnait au-dessous en forme de buisson liquide.

Tout à coup, cette eau s'élança, affectant la forme d'une énorme ampoulette.

En un instant, l'*Albatros* fut enveloppé dans le tourbillon d'une gigantesque trombe, à laquelle une vingtaine d'autres, d'un noir d'encre, vinrent faire cortège. Par bonheur, le mouvement giratoire de cette trombe était inverse de celui des hélices suspensives, sans quoi celles-ci n'auraient plus eu d'action, et l'aéronef eût été précipité dans la mer; mais il se mit à tourner sur lui-même avec une effroyable rapidité.

Cependant le danger était immense et peut-être impossible à conjurer, puisque l'ingénieur ne pouvait se dégager de la trombe dont l'aspiration le retenait en dépit des propulseurs. Les hommes, projetés par la force centrifuge aux deux bouts de la plate-forme, durent se retenir aux montants pour ne point être emportés.

« Du sang-froid ! » cria Robur.

Il en fallait, — de la patience aussi.

Uncle Prudent et Phil Evans, qui venaient de quitter leur cabine, furent repoussés à l'arrière, au risque d'être lancés par-dessus le bord.

En même temps qu'il tournait, l'*Albatros* suivait le déplacement de ces trombes qui pivotaient avec une vitesse dont ses hélices auraient pu être jalouses. Puis, s'il échappait à l'une, il était repris par une autre, avec menace d'être disloqué ou mis en pièces.

« Un coup de canon !... » cria l'ingénieur.

Cet ordre s'adressait à Tom Turner. Le contremaître s'était accroché à la petite pièce d'artillerie, montée au milieu de la plate-forme, où les effets de la force centrifuge étaient peu sensibles. Il comprit la pensée de Robur. En un instant, il eut ouvert la culasse du canon dans laquelle il glissa une gargousse qu'il tira du caisson fixé à l'affût. Le coup partit, et soudain se fit l'effondrement des trombes, avec le plafond de nuages qu'elles semblaient porter sur leur faîte.

L'ébranlement de l'air avait suffi à rompre le météore, et l'énorme nuée, se résolvant en pluie, raya l'horizon de stries verticales, immense filet liquide tendu de la mer au ciel.

L'*Albatros*, libre enfin, se hâta de remonter de quelques centaines de mètres.

« Rien de brisé à bord ? demanda l'ingénieur.

— Non, répondit Tom Turner ; mais voilà un jeu de toupie hollandaise et de raquette qu'il ne faudrait pas recommencer ! »

En effet, pendant une dizaine de minutes, l'*Albatros* avait été en perdition. N'eût été sa solidité extraordinaire, il aurait péri dans ce tourbillon des trombes.

Pendant cette traversée de l'Atlantique, combien les heures étaient longues, quand aucun phénomène n'en venait rompre la monotonie ! D'ailleurs, les jours diminuaient sans cesse, et le froid devenait vif. Uncle Prudent et Phil Evans voyaient peu Robur. Enfermé dans sa cabine, l'ingénieur s'occupait à relever sa route, à pointer sur ses cartes la direction suivie, à reconnaître sa position toutes les fois qu'il le pouvait, à noter les indications des baromètres, des thermomètres, des chronomètres, enfin à porter sur le livre de bord tous les incidents du voyage.

Quant aux deux collègues, bien encapuchonnés, ils cherchaient sans cesse à apercevoir quelque terre dans le sud.

De son côté, sur la recommandation expresse de Uncle Prudent, Frycollin essayait de tâter le maître-coq à l'endroit de l'ingénieur. Mais comment faire fonds sur ce que disait ce Gascon de François Tapage? Tantôt Robur était un ancien ministre de la République Argentine, un chef de l'Amirauté, un président des États-Unis mis à la retraite, un général Espagnol en disponibilité, un vice-roi des Indes qui avait recherché une plus haute position dans les airs. Tantôt il possédait des millions, grâce aux razzias opérées avec sa machine, et il était signalé à la vindicte publique. Tantôt il s'était ruiné à confectionner cet appareil et serait forcé de faire des ascensions publiques pour rattraper son argent. Quant à la question de savoir s'il s'arrêtait jamais quelque part, non! Mais il avait l'intention d'aller dans la lune, et, là, s'il trouvait quelque localité à sa convenance, il s'y fixerait.

« Hein! Fry!... mon camarade!... Cela te fera-t-il plaisir d'aller voir ce qui se passe là-haut?

— Je n'irai pas!... Je refuse!... répondait l'imbécile, qui prenait au sérieux toutes ces bourdes.

— Et pourquoi, Fry, pourquoi? Nous te marierions avec quelque belle et jeune lunarienne!... Tu ferais souche de nègres! »

Et, quand Frycollin rapportait ces propos à son maître, celui-ci voyait bien qu'il ne pourrait obtenir aucun renseignement sur Robur. Il ne songeait donc plus qu'à se venger.

« Phil, dit-il un jour à son collègue, il est bien prouvé maintenant que toute fuite est impossible?

— Impossible, Uncle Prudent.

— Soit! mais un homme s'appartient toujours, et, s'il le faut, en sacrifiant sa vie...

— Si ce sacrifice est à faire, qu'il soit fait au plus tôt! répondit Phil Evans, dont le tempérament, si froid qu'il fût, n'en pouvait supporter davantage. Oui! il est temps d'en finir!... Où va l'*Albatros?*... Le voici qui traverse obliquement l'Atlantique, et, s'il se maintient dans cette direction, il atteindra le littoral de la Patagonie, puis les rivages de la Terre de Feu... Et après?... Se lancera-t-il au-dessus de l'Océan Pacifique, ou ira-t-il s'aventurer vers les continents du pôle austral?... Tout est possible avec ce Robur!... Nous serions perdus alors!... C'est donc un cas de légitime défense, et, si nous devons périr...

— Que ce ne soit pas, répondit Uncle Prudent, sans nous être vengés, sans avoir anéanti cet appareil avec tous ceux qu'il porte! »

Les deux collègues en étaient arrivés là à force de fureur impuissante, de rage concentrée en eux. Oui! puisqu'il le fallait, ils se sacrifieraient pour détruire l'inventeur et son secret! Quelques mois, ce serait donc tout ce qu'aurait vécu ce prodigieux aéronef, dont ils étaient bien contraints de reconnaître l'incontestable supériorité en locomotion aérienne!

Or, cette idée s'était si bien incrustée dans leur esprit qu'ils ne pensaient plus qu'à la mettre à exécution. Et comment? En s'emparant de l'un des engins explosifs, emmagasinés à bord, avec lequel ils feraient sauter l'appareil? Mais encore fallait-il pouvoir pénétrer dans la soute aux munitions.

Heureusement, Frycollin ne soupçonnait rien de ces projets. A la pensée de l'*Albatros* faisant explosion dans les airs, il eût été capable de dénoncer son maître!

Ce fut le 23 juillet que la terre réapparut dans le sud-ouest, à peu près vers le cap des Vierges, à l'entrée du détroit de Magellan. Au delà du cinquante-quatrième parallèle, à cette époque de l'année, la nuit durait déjà près de dix-huit heures, et la température s'abaissait en moyenne à six degrés au-dessous de zéro.

Tout d'abord, l'*Albatros*, au lieu de s'enfoncer plus avant dans le sud, suivit les méandres du détroit comme s'il eût voulu gagner le Pacifique. Après avoir passé au-dessus de la baie de Lomas, laissé le mont Gregory dans le nord et les monts Brecknocks dans l'ouest, il reconnut Punta Arena, petit village chilien, au moment où l'église sonnait à toute volée, puis, quelques heures plus tard, l'ancien établissement de Port-Famine.

Si les Patagons, dont les feux se voyaient çà et là, ont réellement une taille au-dessus de la moyenne, les passagers de l'aéronef n'en purent juger, puisque l'altitude en faisait des nains.

Mais, pendant les si courtes heures de ce jour austral, quel spectacle ! Montagnes abruptes, pics éternellement neigeux avec d'épaisses forêts étagées sur leurs flancs, mers intérieures, baies formées entre les presqu'îles et les îles de cet archipel, ensemble des terres de Clarence, Dawson, Désolation, canaux et passes, innombrables caps et promontoires, tout ce fouillis inextricable dont la glace faisait déjà une masse solide, depuis le Cap Forward qui termine le continent américain, jusqu'au cap Horn où finit le Nouveau Monde !

Cependant, une fois arrivé à Port-Famine, il fut constant que l'*Albatros* allait reprendre sa route vers le sud. Passant entre le mont Tarn de la presqu'île de Brunswik et le mont Graves, il se dirigea droit vers le mont Sarmiento, pic énorme, encapuchonné de glaces, qui domine le détroit de Magellan, à deux mille mètres au-dessus du niveau de la mer.

C'était le pays des Pécherais ou Fuégiens, ces indigènes qui habitent la Terre de Feu.

Six mois plus tôt, en plein été, lors des longs jours de quinze à seize heures, combien cette terre se fût montrée belle et fertile, surtout dans sa partie méridionale ! Partout alors, des vallées et des pâturages qui pourraient nourrir des milliers d'animaux, des forêts vierges, aux arbres gigantesques, bouleaux, hêtres, frênes, cyprès, fougères arborescentes, des plaines que parcourent les bandes de guanaques, de vigognes et d'autruches ; puis, des armées de pingouins, des myriades de volatiles. Aussi, lorsque l'*Albatros* mit en activité ses fanaux électriques, rotches, guillemots, canards, oies, vinrent-ils se jeter à bord, — cent fois de quoi remplir l'office de François Tapage.

De là, un surcroît de besogne pour le maître-coq qui savait apprêter ce gibier de manière à lui enlever son goût huileux. Surcroît de besogne également pour Frycollin qui ne put se refuser à plumer douzaines sur douzaines de ces intéressants volatiles.

Lorsque l'*Albatros* mit en activité ses fanaux électriques... (Page 155.)

Ce jour-là, au moment où le soleil allait se coucher, vers trois heures de l'après-midi, apparut un vaste lac, encadré dans une bordure de forêts superbes. Ce lac était alors entièrement glacé, et quelques indigènes, leurs longues raquettes aux pieds, glissaient rapidement à la surface.

En réalité, à la vue de l'appareil, ces Fuégiens, au comble de l'épouvante, fuyaient en toutes directions, et, quand ils ne pouvaient fuir, ils se cachaient, ils se terraient comme des animaux.

On vit un des naufragés se relever... (Page 162.)

L'*Albatros* ne cessa de marcher vers le sud, au delà du canal de Beagle, plus loin que l'île de Navarin, dont le nom grec détonne quelque peu entre les noms rudes de ces terres lointaines, plus loin que l'île de Wollaston, baignée par les dernières eaux du Pacifique. Enfin, après avoir franchi sept mille cinq cents kilomètres depuis la côte du Dahomey, il dépassa les extrêmes îlots de l'archipel de Magellan, puis, le plus avancé de tous vers le sud, dont la pointe est rongée d'un éternel ressac, le terrible cap Horn.

XIV

DANS LEQUEL L'ALBATROS FAIT CE QU'ON NE POURRA PEUT-ÊTRE JAMAIS FAIRE.

On était, le lendemain, au 24 juillet. Or, le 24 juillet de l'hémisphère austral, c'est le 24 janvier de l'hémisphère boréal. De plus, le cinquante-sixième degré de latitude venait d'être laissé en arrière, et ce degré correspond au parallèle qui, dans le nord de l'Europe, traverse l'Écosse à la hauteur d'Édimbourg.

Aussi le thermomètre se tenait-il constamment dans une moyenne inférieure à zéro. Il avait donc fallu demander un peu de chaleur artificielle aux appareils destinés à chauffer les roufles de l'aéronef.

Il va sans dire également que, si la durée des jours tendait à s'accroître depuis le solstice du 21 juin de l'hiver austral, cette durée diminuait dans une proportion bien plus considérable, par ce fait que l'*Albatros* descendait vers les régions polaires.

En conséquence, peu de clarté, au-dessus de cette partie du Pacifique méridional qui confine au cercle antarctique. Donc, peu de vue, et, avec la nuit, un froid parfois très vif. Pour y résister, il fallait se vêtir à la mode des Esquimaux ou des Fuégiens. Aussi, comme ces accoutrements ne manquaient point à bord, les deux collègues, bien empaquetés, purent-ils rester sur la plate-forme, ne songeant qu'à leur projet, ne cherchant que l'occasion de l'exécuter. Du reste, ils voyaient peu Robur, et, depuis les menaces échangées de part et d'autre dans le pays de Tombouctou, l'ingénieur et eux ne se parlaient plus.

Quant à Frycollin, il ne sortait guère de la cuisine où François Tapage lui accordait une très généreuse hospitalité, — à la condition qu'il fît l'office d'aide-coq. Cela n'allant pas sans quelques avantages, le nègre avait très volontiers accepté, avec la permission de son maître. D'ailleurs, ainsi enfermé, il ne voyait rien de ce qui se passait au dehors et pouvait se croire à l'abri du danger. Ne tenait-il pas de l'autruche, non seulement au physique par son prodigieux estomac, mais au moral par sa rare sottise?

Maintenant, vers quel point du globe allait se diriger l'*Albatros*? Était-il admissible qu'en plein hiver il osât s'aventurer au-dessus des mers australes ou des continents du pôle? Dans cette glaciale atmosphère, en admettant que les agents chimiques des piles pussent résister à une pareille congélation, n'était-ce pas la mort pour tout son personnel, l'horrible mort par le froid? Que Robur tentât de franchir le pôle pendant la saison chaude, passe encore! Mais au milieu de cette nuit permanente de l'hiver antarctique, c'eût été l'acte d'un fou!

Ainsi raisonnaient le président et le secrétaire du Weldon-Institute, maintenant entraînés à l'extrémité de ce continent du Nouveau Monde, qui est toujours l'Amérique, mais non plus celle des États-Unis!

Oui! qu'allait faire cet intraitable Robur? Et n'était-ce pas le moment de terminer le voyage en détruisant l'appareil voyageur?

Ce qui est certain, c'est que, pendant cette journée du 24 juillet, l'ingénieur eut de fréquents entretiens avec son contre-maître. A plusieurs reprises, Tom Turner et lui consultèrent le baromètre, — non plus, cette fois, pour évaluer la hauteur atteinte, mais pour relever les indications relatives au temps. Sans doute, quelques symptômes se produisaient dont il convenait de tenir compte.

Uncle Prudent crut aussi remarquer que Robur cherchait à inventorier ce qui lui restait d'approvisionnements en tous genres, aussi bien pour l'entretien des machines propulsives et suspensives de l'aéronef que pour celui des machines humaines, dont le fonctionnement ne devait pas être moins assuré à bord.

Tout cela semblait annoncer des projets de retour.

« De retour!... disait Phil Evans. En quel endroit?

— Là où ce Robur peut se ravitailler, répondait Uncle Prudent.

— Ce doit être quelque île perdue de l'Océan Pacifique, avec une colonie de scélérats, dignes de leur chef.

— C'est mon avis, Phil Evans. Je crois, en effet, qu'il songe à laisser porter dans l'ouest, et, avec la vitesse dont il dispose, il aura rapidement atteint son but.

— Mais nous ne pourrons plus mettre nos projets à exécution... s'il y arrive...

— Il n'y arrivera pas, Phil Evans! »

Évidemment, les deux collègues avaient en partie deviné les plans de l'ingénieur. Pendant cette journée, il ne fut plus douteux que l'*Albatros*, après s'être avancé vers les limites de la mer Antarctique, allait définitivement rétrograder. Lorsque les glaces auraient envahi ces parages jusqu'au cap Horn, toutes les basses régions du Pacifique seraient couvertes d'icefields et d'icebergs. La banquise formerait alors une barrière impénétrable aux plus solides navires comme aux plus intrépides navigateurs.

Certes, en battant plus rapidement de l'aile, l'*Albatros* pouvait franchir les montagnes de glace, accumulées sur l'Océan, puis les montagnes de terre, dressées sur le continent du pôle — si c'est un continent qui forme la calotte australe. Mais, affronter, au milieu de la nuit polaire, une atmosphère qui peut se refroidir jusqu'à soixante degrés au-dessous de zéro, l'eût-il donc osé? Non, sans doute!

Aussi, après s'être avancé d'une centaine de kilomètres dans le sud, l'*Albatros* obliqua-t-il vers l'ouest, de manière à prendre direction sur quelque île inconnue des groupes du Pacifique.

Au-dessous de lui s'étendait la plaine liquide, jetée entre la terre américaine et la terre asiatique. En ce moment, les eaux avaient pris cette couleur singulière qui leur fait donner le nom de « mer de lait. » Dans la demi-ombre que ne parvenaient plus à dissiper les rayons affaiblis du soleil, toute la surface du Pacifique était d'un blanc laiteux. On eût dit d'un vaste champ de neige dont les ondulations n'étaient pas sensibles, vues de cette hauteur Cette portion de mer eût été solidifiée par le froid, convertie en un immense icefield, que son aspect n'eût pas été différent.

On le sait maintenant, ce sont des myriades de particules lumineuses, de corpuscules phosphorescents, qui produisent ce phénomène. Ce qui pouvait surprendre, c'était de rencontrer cet amas opalescent ailleurs que dans les eaux de l'Océan Indien.

Soudain, le baromètre, après s'être tenu assez haut pendant les premières heures de la journée, tomba brusquement. Il y avait évidemment des symptômes dont un navire aurait dû se préoccuper, mais que pouvait dédaigner l'aéronef. Toutefois, on devait le supposer, quelque formidable tempête avait récemment troublé les eaux du Pacifique.

Il était une heure après midi, lorsque Tom Turner, s'approchant de l'ingénieur, lui dit :

« Master Robur, regardez donc ce point noir à l'horizon !... Là... tout à fait dans le nord de nous !... Ce ne peut être un rocher ?

— Non, Tom, il n'y a pas de terres de ce côté.

— Alors ce doit être un navire ou tout au moins une embarcation. »

Uncle Prudent et Phil Evans, qui s'étaient portés à l'avant, regardaient le point indiqué par Tom Turner.

Robur demanda sa lunette marine et se mit à observer attentivement l'objet signalé.

« C'est une embarcation, dit-il, et j'affirmerais qu'il y a des hommes à bord.

— Des naufragés ? s'écria Tom.

— Oui ! des naufragés, qui auront été forcés d'abandonner leur navire, reprit Robur, des malheureux, ne sachant plus où est la terre, peut-être mourant de faim et de soif ! Eh bien ! il ne sera pas dit que l'*Albatros* n'aura pas essayé de venir à leur secours ! »

Un ordre fut envoyé au mécanicien et à ses deux aides. L'aéronef commença à s'abaisser lentement. A cent mètres il s'arrêta, et ses propulseurs le poussèrent rapidement vers le nord.

C'était bien une embarcation. Sa voile battait sur le mât. Faute de vent, elle ne pouvait plus se diriger. A bord, sans doute, personne n'avait la force de manier un aviron.

Au fond étaient cinq hommes, endormis ou immobilisés par la fatigue, à moins qu'ils ne fussent morts.

L'*Albatros*, arrivé au-dessus d'eux, descendit lentement.

A l'arrière de cette embarcation, on put lire alors le nom du navire auquel elle appartenait c'était, la *Jeannette*, de Nantes, un navire français que son équipage avait dû abandonner.

« Aoh ! » cria Tom Turner.

Et on devait l'entendre, car l'embarcation n'était pas à quatre-vingts pieds au-dessous de lui.

Pas de réponse.

« Un coup de fusil ! » dit Robur.

L'ordre fut exécuté, et la détonation se propagea longuement à la surface des eaux.

On vit alors un des naufragés se relever péniblement, les yeux hagards, une vraie face de squelette.

En apercevant l'*Albatros*, il eut tout d'abord le geste d'un homme épouvanté.

« Ne craignez rien! cria Robur en français. Nous venons vous secourir!... Qui êtes-vous ?

— Des matelots de la *Jeannette*, un trois-mâts-barque dont j'étais le second, répondit cet homme. Il y a quinze jours... nous l'avons quitté... au moment où il allait sombrer!... Nous n'avons plus ni eau ni vivres!... »

Les quatre autres naufragés s'étaient peu à peu redressés. Hâves, épuisés, dans un effrayant état de maigreur, ils levaient les mains vers l'aéronef.

« Attention ! » cria Robur.

Une corde se déroula de la plate-forme, et un seau, contenant de l'eau douce, fut affalé jusqu'à l'embarcation.

Les malheureux se jetèrent dessus et burent à même avec une avidité qui faisait mal à voir.

« Du pain !.. du pain !.. » crièrent-ils.

Aussitôt, un panier contenant quelques vivres, des conserves, un flacon de brandy, plusieurs pintes de café, descendit jusqu'à eux. Le second eut bien de la peine à les modérer dans l'assouvissement de leur faim.

Puis :

« Où sommes-nous?

— A cinquante milles de la côte du Chili et de l'archipel des Chonas, répondit Robur.

— Merci, mais le vent nous manque, et...

— Nous allons vous donner la remorque !

— Qui êtes-vous ?...

— Des gens qui sont heureux d'avoir pu vous venir en aide, » répondit simplement Robur.

Le second comprit qu'il y avait un incognito à respecter. Quant à cette machine volante, était-il donc possible qu'elle eût assez de force pour les remorquer?

Oui ! et l'embarcation, attachée à un câble d'une centaine de pieds, fut entraînée vers l'est par le puissant appareil.

A dix heures du soir, la terre était en vue, ou plutôt on voyait briller les feux qui en indiquaient la situation. Il était venu à temps, ce secours du ciel, pour les naufragés de la *Jeannette*, et ils avaient bien le droit de croire que leur sauvetage tenait du miracle !

Puis, quand il les eut conduits à l'entrée des passes des îles Chonas, Robur leur cria de larguer la remorque — ce qu'ils firent en bénissant leurs sauveteurs, — et l'*Albatros* reprit aussitôt le large.

Décidément il avait du bon, cet aéronef, qui pouvait ainsi secourir des marins perdus en mer ! Quel ballon, si perfectionné qu'il fût, aurait été apte à rendre un pareil service ! Et, entre eux, Uncle Prudent et Phil Evans durent en convenir, bien qu'ils fussent dans une disposition d'esprit à nier même l'évidence.

Mer mauvaise toujours. Symptômes alarmants. Le baromètre tomba encore de quelques millimètres. Il y avait des poussées terribles de la brise qui sifflait violemment dans les engins hélicoptériques de l'*Albatros*, et refusait ensuite momentanément. En ces circonstances, un navire à voiles aurait eu déjà deux ris dans ses huniers et un ris dans sa misaine. Tout indiquait que le vent allait sauter dans le nord-ouest. Le tube du storm-glass commençait à se troubler d'une inquiétante façon.

À une heure du matin, le vent s'établit avec une extrême violence. Cependant, bien qu'il l'eût alors debout, l'aéronef, mû par ses propulseurs, put gagner encore contre lui et remonter à raison de quatre à cinq lieues par heure. Mais il n'aurait pas fallu lui demander davantage.

Très évidemment il se préparait un coup de cyclone, — ce qui est rare sous ces latitudes. Qu'on le nomme hurracan sur l'Atlantique, typhon dans les mers de Chine, simoun au Sahara, tornade sur la côte occidentale, c'est toujours une tempête tournante — et redoutable. Oui! redoutable pour tout bâtiment, saisi par ce mouvement giratoire qui s'accroît de la circonférence au centre et ne laisse qu'un seul endroit calme, le milieu de ce Maelström des airs.

Robur le savait. Il savait aussi qu'il était prudent de fuir un cyclone, en sortant de sa zone d'attraction par une ascension vers les couches supérieures. Jusqu'alors il y avait toujours réussi. Mais il n'avait pas une heure à perdre, pas une minute peut-être!

En effet la violence du vent s'accroissait sensiblement. Les lames, découronnées à leurs crêtes, faisaient courir une poussière blanche à la surface de la mer. Il était manifeste, aussi, que le cyclone, en se déplaçant, allait tomber vers les régions du pôle avec une vitesse effroyable.

« En haut! dit Robur.

— En haut! » répondit Tom Turner.

Une extrême puissance ascensionnelle fut communiquée à l'aéronef, et il s'éleva obliquement, comme s'il eût suivi un plan qui se fût incliné dans le sud-ouest.

En ce moment, le baromètre baissa encore, — une chute rapide de la colonne de mercure de huit, puis de douze millimètres. Soudain l'*Albatros* s'arrêta dans son mouvement ascensionnel.

A quelle cause était dû cet arrêt? Évidemment à une pesée de l'air, à un formidable courant, qui, se propageant de haut en bas, diminuait la résistance du point d'appui.

Lorsqu'un steamer remonte un fleuve, son hélice produit un travail d'autant moins utile que le courant tend à fuir sous ses branches. Le recul est alors considérable, et il peut même devenir égal à la dérive. Ainsi de l'*Albatros*, en ce moment.

Cependant Robur n'abandonna pas la partie. Ses soixante-quatorze hélices, agissant dans une simultanéité parfaite, furent portées à leur maximum de rotation. Mais, irrésistiblement attiré par le cyclone, l'appareil ne pouvait lui échapper. Durant de courtes accalmies, il reprenait son mouvement ascensionnel. Puis la lourde pesée l'emportait bientôt, et il retombait comme un bâtiment qui sombre. Et n'était-ce pas sombrer dans cette mer aérienne, au milieu d'une nuit dont les fanaux de l'aéronef ne rompaient la profondeur que sur un rayon restreint?

Évidemment, si la violence du cyclone s'accroissait encore, l'*Albatros* ne serait plus qu'un fêtu de paille indirigeable, emporté dans un de ces tourbillons qui déracinent les arbres, enlèvent les toitures, renversent des pans de murailles.

Robur et Tom ne pouvaient se parler que par signes. Uncle Prudent et Phil Evans, accrochés à la rambarde, se demandaient si le météore n'allait pas faire leur jeu en détruisant l'aéronef, et avec lui l'inventeur, et avec l'inventeur, tout le secret de son invention!

Mais, puisque l'*Albatros* ne parvenait pas à se dégager verticalement de ce cyclone, ne semblait-il pas qu'il n'avait eu qu'une chose à faire : gagner le centre, relativement calme, où il serait plus maître de ses manœuvres. Oui! mais, pour l'atteindre, il aurait fallu rompre ces courants circulaires qui l'entraînaient à leur périphérie. Possédait-il assez de puissance mécanique pour s'en arracher?

Soudain la partie supérieure du nuage creva. Les vapeurs se condensèrent en torrents de pluie.

Il était deux heures du matin. Le baromètre, oscillant avec des écarts de douze millimètres, était alors tombé à 709 — ce qui, en réalité, devait être diminué de la baisse due à la hauteur atteinte par l'aéronef au-dessus du niveau de la mer.

Phénomène assez rare, ce cyclone s'était formé hors des zones qu'il parcourt le plus habituellement, c'est-à-dire entre le trentième parallèle nord et le vingt-sixième parallèle sud. Peut-être cela explique-t-il comment cette tempête tournante se changea subitement en une tempête rectiligne. Mais quel ouragan! Le coup de vent du Connecticut du 22 mars 1882 eût pu lui être comparé, lui dont la vitesse fut de cent seize mètres à la seconde, soit plus de cent lieues à l'heure.

Il s'agissait donc de fuir vent arrière, comme un navire devant la tempête, ou plutôt de se laisser emporter par ce courant, que l'*Albatros* ne pouvait remonter et dont il ne pouvait sortir. Mais, à suivre cette imperturbable trajectoire, il fuyait vers le sud, il se jetait au-dessus de ces régions polaires dont Robur avait voulu éviter les approches, il n'était plus maître de sa direction, il irait où le porterait l'ouragan!

Tom Turner s'était mis au gouvernail. Il fallait toute son adresse pour ne pas embarder sur un bord ou sur l'autre.

Aux premières heures du matin, — si on peut appeler ainsi cette vague teinte qui nuança l'horizon, — l'*Albatros* avait franchi quinze degrés depuis le cap Horn, soit plus de quatre cents lieues, et il dépassait la limite du cercle polaire.

Là, dans ce mois de juillet, la nuit dure encore dix-neuf heures et demie. Le disque du soleil, sans chaleur, sans lumière, n'apparaît sur l'horizon que pour disparaître presque aussitôt. Au pôle, cette nuit se prolonge pendant cent soixante-dix-neuf jours. Tout indiquait que l'*Albatros* allait s'y plonger comme dans un abîme.

Ce jour-là, une observation, si elle eût été possible, aurait donné 66° 40' de latitude australe. L'aéronef n'était donc plus qu'à quatorze cents milles du pôle antarctique.

Irrésistiblement emporté vers cet inaccessible point du globe, sa vitesse « mangeait », pour ainsi dire, sa pesanteur, bien que celle-ci fût un peu plus forte alors, par suite de l'aplatissement de la terre au pôle. Ses hélices suspensives, il semblait qu'il eût pu s'en passer. Et, bientôt, la violence de l'ouragan devint telle que Robur crut devoir réduire les propulseurs au minimum de tours, afin d'éviter quelques graves avaries, et de manière à pouvoir gouverner, tout en conservant le moins possible de vitesse propre.

Au milieu de ces dangers, l'ingénieur commandait avec sang-froid, et le personnel obéissait comme si l'âme de son chef eût été en lui.

Uncle Prudent et Phil Evans n'avaient pas un instant quitté la plate-forme. On y pouvait rester sans inconvénient, d'ailleurs. L'air ne faisait pas résistance ou faiblement. L'aéronef était là comme un aérostat qui marche avec la masse fluide dans laquelle il est plongé.

Le domaine du pôle austral comprend, dit-on, quatre millions cinq cent mille mètres carrés en superficie. Est-ce un continent? est-ce un archipel? est-ce une mer paléocrystique, dont les glaces ne fondent même pas pendant la longue période de l'été? on l'ignore. Mais ce qui est connu, c'est que ce pôle austral est plus froid que le pôle boréal, — phénomène dû à la position de la terre sur son orbite durant l'hiver des régions antarctiques.

Pendant cette journée, rien n'indiqua que la tempête allait s'amoindrir. C'était par le soixante-quinzième méridien, à l'ouest, que l'*Albatros* allait aborder la région circumpolaire. Par quel méridien en sortirait-il, — s'il en sortait?

En tout cas, à mesure qu'il descendait plus au sud, la durée du jour diminuait. Avant peu, il serait plongé dans cette nuit permanente qui ne s'illumine qu'à la clarté de la lune ou aux pâles lueurs des aurores australes. Mais la lune était nouvelle alors, et les compagnons de Robur risquaient de ne rien voir de ces régions dont le secret échappe encore à la curiosité humaine.

Très probablement, l'*Albatros* passa au-dessus de quelques points déjà reconnus, un peu en avant du cercle polaire, dans l'ouest de la terre de Graham, découverte par Biscoë en 1832, et de la terre Louis-Philippe, découverte en 1838 par Dumont d'Urville, dernières limites atteintes sur ce continent inconnu.

Cependant, à bord, on ne souffrait pas trop de la température, beaucoup moins basse alors qu'on ne devait le craindre. Il semblait que cet ouragan fût une sorte de Gulf-Stream aérien qui emportait une certaine chaleur avec lui.

Combien il y eut lieu de regretter que toute cette région fût plongée dans une obscurité profonde! Il faut remarquer, toutefois, que, même si la lune

L'ouragan emporta l'*Albatros* au-dessus des banquises. (Page 171.)

eût éclairé l'espace, la part des observations aurait été très réduite. A cette époque de l'année, un immense rideau de neige, une carapace glacée, recouvre toute la surface polaire. On n'aperçoit même pas ce « blink » des glaces, teinte blanchâtre dont la réverbération manque aux horizons obscurs. Dans ces conditions, comment distinguer la forme des terres, l'étendue des mers, la disposition des îles? Le réseau hydrographique du pays, comment le reconnaître? Sa configuration orographique elle-même, comment la relever, puisque les col-

Tandis que l'on travaillait à l'avant de l'aéronef. (Page 178.)

lines ou les montagnes s'y confondent avec les icebergs, avec les banquises?

Un peu avant minuit, une aurore australe illumina ces ténèbres. Avec ses franges argentées, ses lamelles qui rayonnaient à travers l'espace, ce météore présentait la forme d'un immense éventail, ouvert sur une moitié du ciel. Ses extrêmes effluences électriques venaient se perdre dans la Croix du Sud, dont les quatre étoiles brillaient au zénith. Le phénomène fut d'une magnificence incomparable, et sa clarté suffit à montrer l'aspect de cette région confondue dans une immense blancheur.

Il va sans dire que, sur ces contrées si rapprochées du pôle magnétique austral, l'aiguille de la boussole, incessamment affolée, ne pouvait plus donner aucune indication précise relativement à la direction suivie. Mais son inclinaison fut telle, à un certain moment, que Robur put tenir pour certain qu'il passait au-dessus de ce pôle magnétique, situé à peu près sur le soixante-dix-huitième parallèle.

Et plus tard, vers une heure du matin, en calculant l'angle que cette aiguille faisait avec la verticale, il s'écria :

« Le pôle austral est sous nos pieds ! »

Une calotte blanche apparut, mais sans rien laisser voir de ce qui se cachait sous ses glaces.

L'aurore australe s'éteignit peu après, et ce point idéal, où viennent se croiser tous les méridiens du globe, est encore à connaître.

Certes, si Uncle Prudent et Phil Évans voulaient ensevelir dans la plus mystérieuse des solitudes l'aéronef et ceux qu'il emportait à travers l'espace, l'occasion était propice. S'ils ne le firent pas, sans doute, c'est que l'engin dont ils avaient besoin leur manquait encore.

Cependant l'ouragan continuait à se déchaîner avec une vitesse telle que, si l'*Albatros* eût rencontré quelque montagne sur sa route, il s'y fût brisé comme un navire qui se met à la côte.

En effet, non seulement il ne pouvait plus se diriger horizontalement, mais il n'était même plus maître de son déplacement en hauteur.

Et pourtant, quelques sommets se dressent sur les terres antarctiques. A chaque instant un choc eût été possible et aurait amené la destruction de l'appareil.

Cette catastrophe fut d'autant plus à craindre que le vent inclina vers l'est, en dépassant le méridien zéro. Deux points lumineux se montrèrent alors à une centaine de kilomètres en avant de l'*Albatros*.

C'étaient les deux volcans qui font partie du vaste système des Monts Ross, l'Érebus et le Terror.

L'*Albatros* allait-il donc se brûler à leurs flammes comme un papillon gigantesque ?

Il y eut là une heure palpitante. L'un des volcans, l'Érebus, semblait se précipiter sur l'aéronef qui ne pouvait dévier du lit de l'ouragan. Les panaches de flamme grandissaient à vue d'œil. Un réseau de feu barrait la route. D'intenses clartés emplissaient maintenant l'espace. Les figures, vivement éclairées à bord, prenaient un aspect infernal. Tous, immobiles, sans un cri, sans un geste, attendaient l'effroyable minute, pendant laquelle cette fournaise les envelopperait de ses feux.

Mais l'ouragan qui entraînait l'*Albatros*, le sauva de cette épouvantable catastrophe. Les flammes de l'Érebus, couchées par la tempête, lui livrèrent passage. Ce fut au milieu d'une grêle de substances laviques, repoussées heureusement par l'action centrifuge des hélices suspensives, qu'il franchit ce cratère en pleine éruption.

Une heure après, l'horizon dérobait aux regards les deux torches colossales qui éclairent les confins du monde pendant la longue nuit du pôle.

A deux heures du matin, l'île Ballery fut dépassée à l'extrémité de la côte de la Découverte, sans qu'on pût la reconnaître, puisqu'elle était soudée aux terres arctiques par un ciment de glace.

Et alors, à partir du cercle polaire que l'*Albatros* recoupa sur le cent soixante-quinzième méridien, l'ouragan l'emporta au-dessus des banquises, au-dessus des icebergs, contre lesquels il risqua cent fois d'être brisé. Il n'était plus dans la main de son timonier, mais dans la main de Dieu... Dieu est un bon pilote.

L'aéronef remontait alors le méridien de Paris, qui fait un angle de cent cinq degrés avec celui qu'il avait suivi pour franchir le cercle du monde antarctique.

Enfin, au delà du soixantième parallèle, l'ouragan indiqua une tendance à se casser. Sa violence diminua très sensiblement. L'*Albatros* commença à redevenir maître de lui-même. Puis — ce qui fut un soulagement véritable — il rentra dans les régions éclairées du globe, et le jour reparut vers les huit heures du matin.

Robur et les siens, après avoir échappé au cyclone du cap Horn, étaient délivrés de l'ouragan. Ils avaient été ramenés vers le Pacifique par-dessus toute la région polaire, après avoir franchi sept mille kilomètres en dix-neuf heures — soit plus d'une lieue à la minute. — vitesse presque double de celle que pouvait obtenir l'*Albatros* sous l'action de ses propulseurs dans les circonstances ordinaires.

Mais Robur ne savait plus où il se trouvait alors, par suite de cet affolement de l'aiguille aimantée dans le voisinage du pôle magnétique. Il fallait attendre que le soleil se montrât dans des conditions convenables pour faire une observation. Malheureusement de gros nuages chargeaient le ciel, ce jour-là, et le soleil ne parut pas.

Ce fut un désappointement d'autant plus sensible que les deux hélices propulsives avaient subi certaines avaries pendant la tourmente.

Robur, très contrarié de cet accident, ne put marcher, pendant toute cette journée, qu'à une vitesse relativement modérée. Lorsqu'il passa au-dessus des antipodes de Paris, il ne le fit qu'à raison de six lieues à l'heure. Il fallait d'ailleurs prendre garde d'aggraver les avaries. Si ses deux propulseurs eussent été mis hors d'état de fonctionner, la situation de l'aéronef au-dessus de ces vastes mers du Pacifique aurait été très compromise. Aussi l'ingénieur se demandait-il s'il ne devrait pas procéder aux réparations sur place, de manière à assurer la continuation du voyage.

Le lendemain, 27 juillet, vers sept heures du matin, une terre fut signalée dans le nord. On reconnut bientôt que c'était une île. Mais laquelle de ces milliers dont est semé le Pacifique? Cependant Robur résolut de s'y arrêter, sans atterrir. Selon lui, la journée suffirait à réparer les avaries, et il pourrait repartir le soir même.

Le vent avait tout à fait calmi, — circonstance favorable pour la manœuvre qu'il s'agissait d'exécuter. Au moins, puisqu'il resterait stationnaire, l'*Albatros* ne serait pas emporté on ne savait où.

Un long câble de cent cinquante pieds, avec une ancre au bout, fut envoyé par-dessus le bord. Lorsque l'aéronef arriva à la lisière de l'île, l'ancre râcla les premiers écueils, puis s'engagea solidement entre deux roches. Le câble se tendit alors sous l'effet des hélices suspensives, et l'*Albatros* resta immobile, comme un navire dont on a porté l'ancre au rivage.

C'était la première fois qu'il se rattachait à la terre depuis son départ de Philadelphie.

XV

DANS LEQUEL IL SE PASSE DES CHOSES QUI MÉRITENT VRAIMENT LA PEINE D'ÊTRE RACONTÉES.

Lorsque l'*Albatros* occupait encore une zone élevée, on avait pu reconnaître que cette île était de médiocre grandeur. Mais quel était le parallèle qui la coupait? Sur quel méridien l'avait-on accostée? Était-ce une île du Pacifique, de l'Australasie, de l'Océan Indien? On ne le saurait que lorsque Robur aurait fait son point. Cependant, bien qu'il n'eût pu tenir compte des indications du compas, il avait lieu de penser qu'il était plutôt sur le Pacifique. Dès que le soleil se montrerait, les circonstances seraient excellentes pour obtenir une bonne observation.

De cette hauteur, — cent cinquante pieds, — l'île, qui mesurait environ quinze milles de circonférence, se dessinait comme une étoile de mer à trois pointes. A la pointe du sud-est émergeait un îlot, précédé d'un semis de roches. Sur la lisière, aucun relais de marées — ce qui tendait à confirmer l'opinion de Robur relativement à sa situation, puisque le flux et le reflux sont presque nuls dans l'Océan Pacifique.

A la pointe nord-ouest se dressait une montagne conique, dont l'altitude pouvait être estimée à douze cents pieds.

On ne voyait aucun indigène, mais peut-être occupaient-ils le littoral opposé. En tout cas, s'ils avaient aperçu l'aéronef, l'épouvante les eût plutôt portés à se cacher ou à s'enfuir.

C'était par la pointe sud-est que l'*Albatros* avait attaqué l'île. Non loin, dans une petite anse, un rio se jetait entre les roches. Au delà, quelques vallées sinueuses, des arbres d'essences variées, du gibier, perdrix et outardes, en grand nombre. Si l'île n'était pas habitée, du moins paraissait-elle habitable. Certes, Robur aurait pu y atterrir, et, sans doute, s'il ne l'avait pas fait, c'est que le sol, très accidenté, ne lui semblait pas offrir une place convenable pour y reposer l'aéronef.

En attendant de prendre hauteur, l'ingénieur fit commencer les réparations, qu'il comptait achever dans la journée. Les hélices suspensives, en parfait état, avaient admirablement fonctionné au milieu des violences de l'ouragan, lequel, on l'a fait observer, avait plutôt soulagé leur travail. En ce moment, la moitié du jeu était en fonction — ce qui suffisait à assurer la tension du câble fixé perpendiculairement au littoral.

Mais les deux propulseurs avaient souffert, et plus encore que ne le croyait Robur. Il fallait redresser leurs branches et retoucher l'engrenage qui leur transmettait le mouvement de rotation.

Ce fut l'hélice antérieure, dont le personnel s'occupa d'abord sous la direction de Robur et de Tom Turner. Mieux valait commencer par elle, pour le cas où un motif quelconque eût obligé l'*Albatros* à partir avant que le travail fût achevé. Rien qu'avec ce propulseur, on pouvait se maintenir plus aisément en bonne route.

Entre temps, Uncle Prudent et son collègue, après s'être promenés sur la plate-forme, étaient allés s'asseoir à l'arrière.

Quant à Frycollin, il était singulièrement rassuré. Quelle différence ! N'être plus suspendu qu'à cent cinquante pieds du sol !

Les travaux ne furent interrompus qu'au moment où l'élévation du soleil au-dessus de l'horizon permit de prendre d'abord un angle horaire, puis, lors de sa culmination, de calculer le midi du lieu.

Le résultat de l'observation, faite avec la plus grande exactitude, fut celui-ci :

Longitude : 176° 17′ à l'est du méridien zéro.

Latitude : 43° 37′ australe.

Le point, sur la carte, se rapportait à la position de l'île Chatam et de l'îlot

Viff, dont le groupe est aussi désigné sous l'appellation commune d'îles Brougthon. Ce groupe se trouve à quinze degrés dans l'est de Tawaï-Pomanou, l'île méridionale de la Nouvelle-Zélande, située dans la partie sud de l'Océan Pacifique.

« C'est à peu près ce que je supposais, dit Robur à Tom Turner.

— Et alors, nous sommes?...

— A quarante-six degrés dans le sud de l'île X, soit à une distance de deux mille huit cents milles.

— Raison de plus pour réparer nos propulseurs, répondit le contremaître. Dans ce trajet, nous pourrions rencontrer des vents contraires, et, avec le peu qui nous reste d'approvisionnements, il importe de rallier l'île X le plus vite possible.

— Oui, Tom, et j'espère bien me remettre en route dans la nuit, quand je devrais ne partir qu'avec une seule hélice, quitte à réparer l'autre en route.

— Master Robur, demanda Tom Turner, et ces deux gentlemen, et leur domestique?...

— Tom Turner, répondit l'ingénieur, seraient-ils à plaindre pour devenir colons de l'île X? »

Mais qu'était donc cette île X? Une île perdue dans l'immensité de l'Océan Pacifique, entre l'équateur et le tropique du Cancer, une île qui justifiait bien ce signe algébrique dont Robur avait fait son nom. Elle émergeait de cette vaste mer des Marquises, en dehors de toutes les routes de communication interocéaniennes. C'était là que Robur avait fondé sa petite colonie, là que venait se reposer l'*Albatros*, lorsqu'il était fatigué de son vol, là qu'il se réapprovisionnait de tout ce qu'il lui fallait pour ses perpétuels voyages. En cette île X, Robur, disposant de grandes ressources, avait pu établir un chantier et construire son aéronef. Il pouvait l'y réparer, même le refaire. Ses magasins renfermaient les matières, subsistances, approvisionnements de toutes sortes, accumulés pour l'entretien d'une cinquantaine d'habitants, l'unique population de l'île.

Lorsque Robur avait doublé le cap Horn, quelques jours avant, son intention était bien de regagner l'île X, en traversant obliquement le Pacifique. Mais

Uncle Prudent alluma la mèche. (Page 182.)

le cyclone avait saisi l'*Albatros* dans son tourbillon. Après lui, l'ouragan l'avait emporté au-dessus des régions australes. En somme, il avait été à peu près remis dans sa direction première, et, sans les avaries des propulseurs, le retard n'aurait eu que peu d'importance.

On allait donc regagner l'île X. Mais, ainsi que l'avait dit le contremaître Tom Turner, la route était longue encore. Il y aurait probablement à lutter contre des vents défavorables. Ce ne serait pas trop de toute sa puissance

L'un après l'autre, les fugitifs saisirent le câble... (Page 183.)

mécanique pour que l'*Albatros* arrivât à destination dans les délais voulus. Avec un temps moyen, sous une allure ordinaire, cette traversée devait s'accomplir en trois ou quatre jours.

De là ce parti qu'avait pris Robur de se fixer sur l'île Chatam. Il s'y trouvait dans des conditions meilleures pour réparer au moins l'hélice de l'avant. Il ne craignait plus, au cas où la brise contraire se fût levée, d'être entraîné vers le sud, quand il voulait aller vers le nord. La nuit venue, cette réparation serait achevée. Il manœuvrerait alors pour faire déraper son ancre. Si elle était trop solidement engagée dans les roches, il en serait quitte pour couper le câble et reprendrait son vol vers l'Équateur.

On le voit, cette manière de procéder était la plus simple, la meilleure aussi, et elle s'était exécutée à point.

Le personnel de l'*Albatros*, sachant qu'il n'y avait pas de temps à perdre, se mit résolument à la besogne.

Tandis que l'on travaillait à l'avant de l'aéronef, Uncle Prudent et Phil Evans avaient entre eux une conversation dont les conséquences allaient être d'une gravité exceptionnelle.

« Phil Evans, dit Uncle Prudent, vous êtes bien décidé, comme moi, à faire le sacrifice de votre vie ?

— Oui, comme vous !

— Une dernière fois, il est bien évident que nous n'avons plus rien à attendre de ce Robur ?

— Rien.

— Eh bien, Phil Evans, mon parti est pris. Puisque l'*Albatros* doit repartir ce soir même, la nuit ne se passera pas sans que nous ayons accompli notre œuvre ! Nous casserons les ailes à l'oiseau de l'ingénieur Robur ! Cette nuit, il sautera au milieu des airs !

— Qu'il saute donc ! » répondit Phil Evans.

On le voit, les deux collègues étaient d'accord sur tous les points, même quand il s'agissait d'accepter avec cette indifférence l'effroyable mort qui les attendait.

« Avez-vous tout ce qu'il faut ?... demanda Phil Evans.

— Oui !... La nuit dernière, pendant que Robur et ses gens ne s'occupaient que du salut de l'aéronef, j'ai pu me glisser dans la soute et prendre une cartouche de dynamite !

— Uncle Prudent, mettons-nous à la besogne...

— Non, ce soir seulement ! Quand la nuit sera venue, nous rentrerons dans notre rouffle, et vous veillerez à ce qu'on ne puisse me surprendre ! »

Vers six heures, les deux collègues dînèrent suivant leur habitude. Deux heures après, ils s'étaient retirés dans leur cabine, comme des gens qui vont dormir pour se refaire d'une nuit sans sommeil.

Ni Robur ni aucun de ses compagnons ne pouvait soupçonner quelle catastrophe menaçait l'*Albatros*.

Voici comment Uncle Prudent comptait agir :

Ainsi qu'il l'avait dit, il avait pu pénétrer dans la soute aux munitions, ménagée en un des compartiments de la coque de l'aéronef. Là, il s'était emparé d'une certaine quantité de poudre et d'une cartouche semblable à celles dont l'ingénieur avait fait usage au Dahomey. Rentré dans sa cabine, il avait caché soigneusement cette cartouche, avec laquelle il était résolu à faire sauter l'*Albatros* pendant la nuit, lorsqu'il aurait repris son vol au milieu des airs.

En ce moment, Phil Evans examinait l'engin explosif, dérobé par son compagnon.

C'était une gaîne dont l'armature métallique contenait environ un kilogramme de la substance explosible, ce qui devait suffire à disloquer l'aéronef et briser son jeu d'hélices. Si l'explosion ne le détruisait pas d'un coup, il s'achèverait dans sa chute. Or, cette cartouche, rien n'était plus aisé que de la déposer en un coin de la cabine, de manière qu'elle crevât la plate-forme et atteignît la coque jusque dans sa membrure.

Mais, pour provoquer l'explosion, il fallait faire éclater la capsule de fulminate dont la cartouche était munie. C'était la partie la plus délicate de l'opération, car l'inflammation de cette capsule ne devait se produire que dans un temps calculé avec une extrême précision.

En effet, Uncle Prudent avait réfléchi à ceci : dès que le propulseur de l'avant serait réparé, l'aéronef devait reprendre sa marche vers le nord ; mais, cela fait, il était probable que Robur et ses gens viendraient à l'arrière pour remettre en état l'hélice postérieure. Or, la présence de tout le personnel auprès de la cabine pourrait gêner Uncle Prudent dans son opération. C'est pourquoi il s'était décidé à se servir d'une mèche, de manière à ne provoquer l'explosion que dans un temps donné.

Voici donc ce qu'il dit à Phil Evans :

« En même temps que cette cartouche, j'ai pris de la poudre. Avec cette poudre je vais fabriquer une mèche dont la longueur sera en raison du temps qu'elle mettra à brûler, et qui plongera dans la capsule de fulminate. Mon intention est de l'allumer à minuit, de manière que l'explosion se produise entre trois et quatre heures du matin.

— Bien combiné ! » répondit Phil Evans.

Les deux collègues, on le voit, en étaient arrivés à examiner avec le plus grand sang-froid l'effroyable destruction dans laquelle ils devaient périr. Il y avait en eux une telle somme de haine contre Robur et les siens que le sacrifice de leur propre vie paraissait tout indiqué pour détruire, avec l'*Albatros*, ceux qu'il emportait dans les airs. Que l'acte fût insensé, odieux même, soit ! Mais voilà où ils en étaient arrivés, après cinq semaines de cette existence de colère qui n'avait pu éclater, de rage qui n'avait pu s'assouvir !

« Et Frycollin, dit Phil Evans, avons-nous donc le droit de disposer de sa vie ?

— Nous sacrifions bien la nôtre ! » répondit Uncle Prudent.

Il est douteux que Frycollin eût trouvé la raison suffisante.

Immédiatement, Uncle Prudent se mit à l'œuvre, pendant que Phil Evans surveillait les abords du roufle.

Le personnel était toujours occupé à l'avant. Il n'y avait pas à craindre d'être surpris.

Uncle Prudent commença par écraser une petite quantité de poudre de manière à la réduire à l'état de pulvérin. Après l'avoir mouillée légèrement, il la renferma dans une gaîne de toile en forme de mèche. L'ayant allumée, il s'assura qu'elle brûlait à raison de cinq centimètres par dix minutes, soit un mètre en trois heures et demie. La mèche fut alors éteinte, puis fortement serrée dans une spirale de corde et ajustée à la capsule de la cartouche.

Ce travail était terminé vers dix heures du soir, sans avoir excité le moindre soupçon.

A ce moment, Phil Evans vint rejoindre son collègue dans la cabine.

Pendant cette journée, les réparations de l'hélice antérieure avaient été

ÉVÉNEMENTS IMPORTANTS.

très activement conduites; mais il avait fallu la rentrer en dedans pour pouvoir démonter ses branches, qui étaient faussées.

Quant aux piles, aux accumulateurs, rien de tout ce qui produisait la force mécanique de l'*Albatros* n'avait souffert des violences du cyclone. Il y avait encore de quoi les alimenter pendant quatre ou cinq jours.

La nuit était venue, lorsque Robur et ses hommes interrompirent leur besogne. Le propulseur de l'avant n'était pas encore remis en place. Il fallait encore trois heures de réparations pour qu'il fût prêt à fonctionner. Aussi, après en avoir causé avec Tom Turner, l'ingénieur décida-t-il de donner quelque repos à son personnel brisé de fatigue, et de remettre au lendemain ce qui restait à faire. Ce n'était pas trop, d'ailleurs, de la clarté du jour pour ce travail d'ajustage extrêmement délicat, et auquel les fanaux n'eussent donné qu'une insuffisante lumière.

Voilà ce qu'ignoraient Uncle Prudent et Phil Evans. S'en tenant à ce qu'ils avaient entendu dire à Robur, ils devaient penser que le propulseur de l'avant serait réparé avant la nuit et que l'*Albatros* aurait immédiatement repris sa marche vers le nord. Ils le croyaient donc détaché de l'île, quand il y était encore retenu par son ancre. Cette circonstance allait faire tourner les choses tout autrement qu'ils l'imaginaient.

Nuit sombre et sans lune. De gros nuages rendaient l'obscurité plus profonde. On sentait déjà qu'une légère brise tendait à s'établir. Quelques souffles venaient du sud-ouest; mais ils ne déplaçaient pas l'*Albatros*, qui demeurait immobile sur son ancre, dont le câble, tendu verticalement, le retenait au sol.

Uncle Prudent et son collègue, enfermés dans leur cabine, n'échangeaient que peu de mots, écoutant le frémissement des hélices suspensives qui couvrait tous les autres bruits du bord. Ils attendaient que le moment fût venu d'agir.

Un peu avant minuit:

« Il est temps! » dit Uncle Prudent.

Sous les couchettes de la cabine, il y avait un coffre qui formait tiroir. Ce fut dans ce coffre que Uncle Prudent déposa la cartouche de dynamite, munie de sa mèche. De cette façon, la mèche pourrait brûler sans se trahir par son odeur ou son crépitement. Uncle Prudent l'alluma à son extrémité. Puis, repoussant le coffre sous la couchette :

« Maintenant, à l'arrière, dit-il, et attendons ! »

Tous deux sortirent et furent d'abord étonnés de ne pas voir le timonier à son poste habituel.

Phil Evans se pencha alors en dehors de la plate-forme.

« L'*Albatros* est toujours à la même place ! dit-il à voix basse. Les travaux n'ont pas été terminés !... Il n'aura pu partir ! »

Uncle Prudent eut un geste de désappointement.

« Il faut éteindre la mèche, dit-il.

— Non !... Il faut nous sauver !... répondit Phil Evans.

— Nous sauver ?

— Oui !... Par le câble de l'ancre, puisqu'il fait nuit !... Cent cinquante pieds à descendre, ce n'est rien !

— Rien, en effet, Phil Evans, et nous serions fous de ne pas profiter de cette chance inattendue ! »

Mais, auparavant, ils rentrèrent dans leur cabine et prirent sur eux tout ce qu'ils pouvaient emporter en prévision d'un séjour plus ou moins prolongé sur l'île Chatam. Puis, la porte refermée, ils s'avancèrent sans bruit vers l'avant.

Leur intention était de réveiller Frycollin et de l'obliger à prendre la fuite avec eux.

L'obscurité était profonde. Les nuages commençaient à chasser du sud-ouest. Déjà l'aéronef tanguait quelque peu sur son ancre, en s'écartant légèrement de la verticale par rapport au câble de retenue. La descente devait donc offrir un peu plus de difficultés. Mais ce n'était pas pour arrêter des hommes qui, tout d'abord, n'avaient pas hésité à jouer leur vie.

Tous deux se glissèrent sur la plate-forme, s'arrêtant parfois à l'abri des roufles pour écouter si quelque bruit se produisait. Silence absolu partout. Aucune lumière à travers les hublots. Ce n'était pas seulement le silence, c'était le sommeil dans lequel était plongé l'aéronef.

Cependant Uncle Prudent et son compagnon s'approchaient de la cabine de Frycollin, lorsque Phil Evans s'arrêta :

« L'homme de garde! » dit-il.

Un homme, en effet, était couché près du rouffe. S'il dormait, c'était à peine. Toute fuite devenait impossible au cas où il eût donné l'alarme.

En cet endroit, il y avait quelques cordes, des morceaux de toile et d'étoupe, dont on s'était servi pour la réparation de l'hélice.

Un instant après, l'homme fut bâillonné, encapuchonné, attaché à un des montants de la rambarde, dans l'impossibilité de pousser un cri ou de faire un mouvement.

Tout cela s'était passé presque sans bruit.

Uncle Prudent et Phil Evans écoutèrent... Le silence ne fut aucunement troublé à l'intérieur des rouffes. Tous dormaient à bord.

Les deux fugitifs, — ne peut-on déjà leur donner ce nom? — arrivèrent devant la cabine occupée par Frycollin. François Tapage faisait entendre un ronflement digne de son nom, ce qui était rassurant.

A sa grande surprise, Uncle Prudent n'eut point à pousser la porte de Frycollin. Elle était ouverte. Il s'introduisit à demi dans la cabine ; puis, se retirant :

« Personne! dit-il.

— Personne!... Où peut-il être? » murmura Phil Evans.

Tous deux rampèrent jusqu'à l'avant, pensant que Frycollin dormait peut-être dans quelque coin...

Personne encore.

« Est-ce que le coquin nous aurait devancés?... dit Uncle Prudent.

— Qu'il l'ait fait ou non, répondit Phil Evans, nous ne pouvons attendre plus longtemps! Partons! »

Sans hésiter, l'un après l'autre, les fugitifs saisirent le câble des deux mains, s'y assujettirent des deux pieds ; puis, se laissant glisser, ils arrivèrent à terre sains et saufs.

Quelle jouissance ce fut pour eux de fouler ce sol qui leur manquait depuis si longtemps, de marcher sur un terrain solide, de ne plus être les jouets de l'atmosphère!

L'aéronef n'était plus qu'à cinquante pieds du sol... (Page 186.)

Ils se préparaient à gagner l'intérieur de l'île en remontant le rio, quand, soudain, une ombre se dressa devant eux.

C'était Frycollin.

Oui! Le nègre avait eu cette idée, qui était venue à son maître, et cette audace de le devancer, sans le prévenir.

Mais l'heure n'était pas aux récriminations; et Uncle Prudent se disposait à chercher un refuge en quelque partie éloignée de l'île, lorsque Phil Evans l'arrêta.

Robur se laissant glisser jusqu'au rouffle. (Page 192.)

« Uncle Prudent, écoutez-moi, dit-il. Nous voilà hors des mains de ce Robur. Il est voué ainsi que ses compagnons à une mort épouvantable. Il la mérite, soit! Mais, s'il jurait sur son honneur de ne pas chercher à nous reprendre...

— L'honneur d'un pareil homme... »

Uncle Prudent ne put achever. Un mouvement se produisait à bord de l'*Albatros*.

Évidemment, l'alarme était donnée, l'évasion allait être découverte.

« A moi!... A moi!... » criait-on.

C'était l'homme de garde qui avait pu repousser son bâillon. Des pas précipités retentirent sur la plate-forme. Presque aussitôt les fanaux lancèrent leurs projections électriques sur un large secteur.

« Les voilà!... Les voilà! » cria Tom Turner.

Les fugitifs avaient été vus.

Au même instant, par suite d'un ordre que donna Robur à voix haute, les hélices suspensives furent ralenties et, par le câble halé à bord, l'*Albatros* commença à se rapprocher du sol.

En ce moment, la voix de Phil Evans se fit distinctement entendre :

« Ingénieur Robur, dit-il, vous engagez-vous sur l'honneur à nous laisser libres sur cette île?...

— Jamais! » s'écria Robur.

Et cette réponse fut suivie d'un coup de fusil, dont la balle effleura l'épaule de Phil Evans.

« Ah! les gueux! » s'écria Uncle Prudent.

Et, son couteau à la main, il se précipita vers les roches entre lesquelles était incrustée l'ancre. L'aéronef n'était plus qu'à cinquante pieds du sol...

En quelques secondes, le câble fut coupé, et la brise, qui avait sensiblement fraîchi, prenant de biais l'*Albatros*, l'entraîna dans le nord-est, au-dessus de la mer.

XVI

QUI LAISSERA LE LECTEUR DANS UNE INDÉCISION PEUT-ÊTRE REGRETTABLE.

Il était alors minuit vingt. Cinq ou six coups de fusil avaient encore été tirés de l'aéronef. Uncle Prudent et Frycollin, soutenant Phil Evans, s'étaient jetés à l'abri des roches. Ils n'avaient pas été atteints. Pour l'instant, ils n'avaient plus rien à craindre.

Tout d'abord, l'*Albatros*, en même temps qu'il s'écartait de l'île Chatam, fut porté à une altitude de neuf cents mètres. Il avait fallu forcer de vitesse ascensionnelle afin de ne pas tomber en mer.

Au moment où l'homme de garde, délivré de son baillon, venait de jeter un premier cri, Robur et Tom Turner, se précipitant vers lui, l'avaient débarrassé du morceau de toile qui l'encapuchonnait et dégagé de ses liens. Puis, le contremaître s'était élancé vers la cabine d'Uncle Prudent et de Phil Evans ; elle était vide !

François Tapage, de son côté, avait fouillé la cabine de Frycollin ; il n'y avait personne !

En constatant que ses prisonniers lui avaient échappé, Robur s'abandonna à un violent mouvement de colère. L'évasion d'Uncle Prudent et de Phil Evans, c'était son secret, c'était sa personnalité, révélés à tous. S'il ne s'était pas inquiété autrement du document lancé pendant la traversée de l'Europe, c'est qu'il y avait bien des chances pour qu'il se fût perdu dans sa chute !... Mais maintenant !...

Puis, se calmant.

« Ils se sont enfuis, soit ! dit-il. Comme ils ne pourront s'échapper de l'île Chatam avant quelques jours, j'y reviendrai!... Je les chercherai!... Je les reprendrai!... Et alors... »

En effet, le salut des trois fugitifs était loin d'être assuré. L'*Albatros*, redevenu maître de sa direction, ne tarderait pas à regagner l'île Chatam, dont les fugitifs ne pourraient s'enfuir de sitôt. Avant douze heures, ils seraient retombés au pouvoir de l'ingénieur.

Avant douze heures! Mais, avant deux heures l'*Albatros* serait anéanti! Cette cartouche de dynamite, n'était-ce pas comme une torpille attachée à son flanc, qui accomplirait l'œuvre de destruction au milieu des airs?

Cependant, la brise devenant plus fraîche, l'aéronef était emporté vers le nord-est. Bien que sa vitesse fût modérée, il devait avoir perdu de vue l'île Chatam au lever du soleil.

Pour revenir contre le vent, il aurait fallu que les propulseurs, ou tout au moins celui de l'avant, eussent été en état de fonctionner.

« Tom, dit l'ingénieur, pousse les fanaux à pleine lumière.

— Oui, master Robur.

— Et tous à l'ouvrage!

— Tous! » répondit le contremaître.

Il ne pouvait plus être question de remettre le travail au lendemain. Il ne s'agissait plus de fatigues, maintenant! Pas un des hommes de l'*Albatros* qui ne partageât les passions de son chef! Pas un qui ne fût prêt à tout faire pour reprendre les fugitifs! Dès que l'hélice de l'avant serait remise en place, on reviendrait sur Chatam, on s'y amarrerait de nouveau, on donnerait la chasse aux prisonniers. Alors, seulement, seraient commencées les réparations de l'hélice de l'arrière, et l'aéronef pourrait continuer en toute sécurité à travers le Pacifique son voyage de retour à l'île X.

Toutefois, il était important que l'*Albatros* ne fût pas emporté trop loin dans le nord-est. Or, circonstance fâcheuse, la brise s'accentuait, et il ne pouvait plus ni la remonter ni même rester stationnaire. Privé de ses propulseurs, il était devenu un ballon indirigeable. Les fugitifs, postés sur le littoral, avaient pu constater qu'il aurait disparu avant que l'explosion l'eût mis en pièces.

Cet état de choses ne pouvait qu'inquiéter beaucoup Robur relativement à ses projets ultérieurs. N'éprouverait-il pas quelques retards pour rallier l'île Chatam? Aussi, pendant que les réparations étaient activement poussées, prit-il la résolution de redescendre dans les basses couches avec l'espérance d'y rencontrer des courants plus faibles. Peut-être l'*Albatros* parviendrait-il à se maintenir dans ces parages jusqu'au moment où il serait redevenu assez puissant pour refouler la brise?

La manœuvre fut aussitôt faite. Si quelque navire eût assisté aux évolutions de cet appareil, alors baigné dans ses lueurs électriques, de quelle épouvante son équipage aurait été pris!

Lorsque l'*Albatros* ne fut plus qu'à quelques centaines de pieds de la surface de la mer, il s'arrêta.

Malheureusement, Robur dut le constater, la brise soufflait avec plus de force dans cette zone inférieure, et l'aéronef s'éloignait avec une vitesse plus grande. Il risquait donc d'être entraîné fort loin dans le nord-est, — ce qui retarderait son retour à l'île Chatam.

En somme, après tentatives faites, il fut prouvé qu'il y avait avantage à se maintenir dans les hautes couches où l'atmosphère était mieux équilibrée. Aussi l'*Albatros* remonta-t-il à une moyenne de trois mille mètres. Là, s'il ne resta pas stationnaire, du moins sa dérive fut-elle plus lente. L'ingénieur put donc espérer qu'au lever du jour, et de cette altitude, il aurait encore en vue les parages de l'île, dont il avait d'ailleurs relevé la position avec une exactitude absolue.

Quant à la question de savoir si les fugitifs auraient reçu bon accueil des indigènes, au cas où l'île serait habitée, Robur ne s'en préoccupait même pas. Que ces indigènes leur vinssent en aide, peu lui importait. Avec les moyens offensifs dont disposait l'*Albatros*, ils seraient promptement épouvantés, dispersés. La capture des prisonniers ne pouvait donc faire question, et, une fois repris...

« On ne s'enfuit pas de l'île X! » dit Robur.

Vers une heure après minuit, le propulseur de l'avant était réparé. Il ne s'agissait plus que de le remettre en place, ce qui exigeait encore une heure de travail. Cela fait, l'*Albatros* repartirait, cap au sud-ouest, et l'on démonterait alors le propulseur de l'arrière.

Et cette mèche qui brûlait dans la cabine abandonnée ! Cette mèche, dont plus d'un tiers était consumé déjà ! Et cette étincelle qui s'approchait de la cartouche de dynamite !

Assurément, si les hommes de l'aéronef n'eussent pas été aussi occupés, peut-être l'un d'eux eût-il entendu le faible crépitement qui commençait à se produire dans le roufle ? Peut-être eût-il perçu une odeur de poudre brûlée ? Il se fût inquiété. Il aurait prévenu l'ingénieur ou Tom Turner. On eût cherché, on eût découvert ce coffre dans lequel était déposé l'engin explosif... Il eût été temps encore de sauver ce merveilleux *Albatros* et tous ceux qu'il emportait avec lui !

Mais les hommes travaillaient à l'avant, c'est-à-dire à vingt mètres du roufle des fugitifs. Rien ne les appelait encore dans cette partie de la plate-forme, comme rien ne pouvait les distraire d'une besogne qui exigeait toute leur attention.

Robur, lui aussi, était là, travaillant de ses mains, en habile mécanicien qu'il était. Il pressait l'ouvrage, mais sans rien négliger pour que tout fût fait avec le plus grand soin ! Ne fallait-il pas qu'il redevînt absolument maître de son appareil ? S'il ne parvenait pas à reprendre les fugitifs, ceux-ci finiraient par se rapatrier. On ferait des investigations. L'île X n'échapperait peut-être pas aux recherches. Et ce serait la fin de cette existence que les hommes de l'*Albatros* s'étaient créée, — existence surhumaine, sublime !

En ce moment, Tom Turner s'approcha de l'ingénieur. Il était une heure un quart.

« Master Robur, dit-il, il me semble que la brise a quelque tendance à mollir, en gagnant dans l'ouest, il est vrai.

— Et qu'indique le baromètre ? demanda Robur, après avoir observé l'aspect du ciel.

— Il est à peu près stationnaire, répondit le contremaître. Pourtant, il me semble que les nuages s'abaissent au-dessous de l'*Albatros*.

— En effet, Tom Turner, et, dans ce cas, il ne serait pas impossible qu'il plût à la surface de la mer. Mais, pourvu que nous demeurions au-dessus de la zone des pluies, peu importe! Nous ne serons pas gênés dans l'achèvement de notre travail.

— Si la pluie tombe, reprit Tom Turner, ce doit être une pluie fine — du moins la forme des nuages le fait supposer — et il est probable que, plus bas, la brise va calmir tout à fait.

— Sans doute, Tom, répondit Robur. Néanmoins, il me semble préférable de ne pas redescendre encore. Achevons de réparer nos avaries et alors nous pourrons manœuvrer à notre convenance. Tout est là. »

A deux heures et quelques minutes, la première partie du travail était finie. L'hélice antérieure réinstallée, les piles qui l'actionnaient furent mises en activité. Le mouvement s'accéléra peu à peu, et l'*Albatros*, évoluant cap au sud-ouest, revint avec une vitesse moyenne dans la direction de l'île Chatam.

« Tom, dit Robur, il y a deux heures et demie environ que nous avons porté au nord-est. La brise n'a pas changé, ainsi que j'ai pu m'en assurer en observant le compas. Donc, j'estime qu'en une heure, au plus, nous pouvons retrouver les parages de l'île.

— Je le crois aussi, master Robur, répondit le contremaître, car nous avançons à raison d'une douzaine de mètres par seconde. Entre trois et quatre heures du matin, l'*Albatros* aura regagné son point de départ.

— Et ce sera tant mieux, Tom! répondit l'ingénieur. Nous avons intérêt à arriver de nuit et même à atterrir, sans avoir été vus. Les fugitifs, nous croyant loin dans le nord, ne se tiendront pas sur leurs gardes. Lorsque l'*Albatros* sera presque à ras de terre, nous essaierons de le cacher derrière quelques hautes roches de l'île. Puis, dussions-nous passer quelques jours à Chatam...

— Nous les passerons, master Robur, et, quand nous devrions lutter contre une armée d'indigènes...

— Nous lutterons, Tom, nous lutterons pour notre *Albatros*! »

L'ingénieur se retourna alors vers ses hommes qui attendaient de nouveaux ordres.

« Mes amis, leur dit-il, l'heure n'est pas venue de se reposer. Il faut travailler jusqu'au jour. »

Tous étaient prêts.

Il s'agissait maintenant de recommencer pour le propulseur de l'arrière les réparations qui avaient été faites pour celui de l'avant. C'étaient les mêmes avaries, produites par la même cause, c'est-à-dire par la violence de l'ouragan pendant la traversée du continent antarctique.

Mais, afin d'aider à rentrer cette hélice en dedans, il parut bon d'arrêter, pendant quelques minutes, la marche de l'aéronef et même de lui imprimer un mouvement rétrograde. Sur l'ordre de Robur, l'aide-mécanicien fit machine en arrière, en renversant la rotation de l'hélice antérieure. L'aéronef commença donc à « culer » doucement, pour employer une expression maritime.

Tous se disposaient alors à se rendre à l'arrière, lorsque Tom Turner fut surpris par une singulière odeur.

C'étaient les gaz de la mèche, accumulés maintenant dans le coffre, qui s'échappaient de la cabine des fugitifs.

« Hein ? fit le contremaître.

— Qu'y a-t-il ? demanda Robur.

— Ne sentez-vous pas ?... On dirait de la poudre qui brûle ?

— En effet, Tom !

— Et cette odeur vient du dernier roufle !

— Oui... de la cabine même...

— Est-ce que ces misérables auraient mis le feu ?...

— Eh ! si ce n'était que le feu ?... s'écria Robur. Enfonce la porte, Tom, enfonce la porte ! »

Mais le contremaître avait à peine fait un pas vers l'arrière, qu'une explosion formidable ébranla l'*Albatros*. Les roufles volèrent en éclats. Les fanaux s'éteignirent, car le courant électrique leur manqua subitement, et l'obscurité redevint complète. Cependant, si la plupart des hélices suspensives, tordues ou fracassées, étaient hors d'usage, quelques-unes, à la proue, n'avaient pas cessé de tourner.

Soudain, la coque de l'aéronef s'ouvrit un peu en arrière du premier rouflle, dont les accumulateurs actionnaient toujours le propulseur de l'avant, et la partie postérieure de la plate-forme culbuta dans l'espace.

Presque aussitôt s'arrêtèrent les dernières hélices suspensives, et l'*Albatros* fut précipité vers l'abîme.

C'était une chute de trois mille mètres pour les huit hommes, accrochés, comme des naufragés, à cette épave!

En outre, cette chute allait être d'autant plus rapide que, le propulseur de l'avant, après s'être redressé verticalement, fonctionnait encore!

Ce fut alors que Robur, avec un à-propos qui dénotait un extraordinaire sang-froid, se laissant glisser jusqu'au roufle à demi-disloqué, saisit le levier de mise en train, et changea le sens de la rotation de l'hélice qui, de propulsive qu'elle était, devint suspensive.

Chute, assurément, bien qu'elle fût quelque peu retardée; mais, du moins, l'épave ne tomba pas avec cette vitesse croissante des corps abandonnés aux effets de la pesanteur. Et, si c'était toujours la mort pour les survivants de l'*Albatros*, puisqu'ils étaient précipités dans la mer, ce n'était plus la mort par asphyxie, au milieu d'un air que la rapidité de la descente eût rendu irrespirable.

Quatre-vingts secondes au plus après l'explosion, ce qui restait de l'*Albatros* s'était abîmé dans les flots.

XVII

DANS LEQUEL ON REVIENT A DEUX MOIS EN ARRIÈRE ET OU L'ON SAUTE
A NEUF MOIS EN AVANT.

Quelques semaines auparavant, le 13 juin, au lendemain de cette séance pendant laquelle le Weldon-Institute s'était abandonné à de si orageuses discussions, il y avait eu dans toutes les classes de la population philadelphienne, noire ou blanche, une émotion plus facile à constater qu'à décrire.

Déjà, aux premières heures de la matinée, les conversations portaient uniquement sur l'inattendu et scandaleux incident de la veille. Un intrus, qui se disait ingénieur, un ingénieur qui prétendait s'appeler de cet invraisemblable nom de Robur, — Robur-le-Conquérant! — un personnage d'origine inconnue, de nationalité anonyme, s'était présenté inopinément dans la salle des séances, avait insulté les ballonistes, honni les dirigeurs d'aérostats, vanté les merveilles des appareils plus lourds que l'air, soulevé des huées au milieu d'un tumulte épouvantable, provoqué des menaces qu'il avait retournées contre ses adversaires. Enfin, après avoir abandonné la tribune dans le tapage des revolvers, il avait disparu, et, malgré toutes les recherches, on n'avait plus entendu parler de lui.

Assurément, cela était bien fait pour exercer toutes les langues, enflammer toutes les imaginations. On ne s'en fit pas faute à Philadelphie, ni dans les trente-six autres États de l'Union, et, pour dire le vrai, aussi bien dans l'Ancien que dans le Nouveau Monde.

Mais, de combien cet émoi fut dépassé, lorsque, le soir du 13 juin, il fut constant que ni le président ni le secrétaire du Weldon-Institute n'avaient reparu à leur domicile. Gens rangés pourtant, honorables et sages. La veille, ils avaient quitté la salle des séances en citoyens qui ne songent qu'à rentrer tranquillement chez eux, en célibataires dont aucun visage refrogné n'accueillera le retour au logis. Ne se seraient-ils point absentés, par hasard? Non, ou du moins ils n'avaient rien dit qui pût le faire croire. Et même il avait été convenu que, le lendemain, ils reprendraient leur place au bureau du club, l'un comme président, l'autre comme secrétaire, en prévision d'une séance où seraient discutés les événements de la soirée précédente.

Et non seulement, disparition complète de ces deux personnages considérables de l'État de Pensylvanie, mais aucune nouvelle du valet Frycollin. Introuvable comme son maître. Non! jamais nègre, depuis Toussaint Louverture, Soulouque et Dessaline, n'avait fait autant parler de lui. Il allait prendre une place importante, aussi bien parmi ses collègues de la domesticité philadelphienne que parmi tous ces originaux qu'une excentricité quelconque suffit à mettre en lumière dans ce beau pays d'Amérique.

Le lendemain, rien de nouveau. Les deux collègues ni Frycollin n'ont point reparu. Sérieuse inquiétude Commencement d'agitation. Foule nombreuse aux abords des Post-and-Telegraph-offices, pour savoir s'il arriverait quelques nouvelles.

Rien encore.

Et, cependant, on les avait bien vus, tous les deux, sortir du Weldon-Institute, causer à voix haute, prendre Frycollin qui les attendait, puis descendre Walnut-Street et gagner du côté de Fairmont-Park.

Jem Cip, le légumiste, avait même serré la main droite du président en lui disant :

« A demain! »

Et William T. Forbes, le fabricant de sucre de chiffons, avait reçu une cordiale poignée de Phil Evans, qui lui avait dit par deux fois :

« Au revoir!... Au revoir!... »

Miss Doll et miss Mat Forbes, si attachées à Uncle Prudent par les liens de la plus pure amitié, ne pouvaient revenir de cette disparition, et, afin d'obtenir des nouvelles de l'absent, parlaient encore plus que d'habitude.

Enfin, trois, quatre, cinq, six jours se passèrent, puis une semaine, deux

Des traces d'une lutte furent relevées. (Page 197.)

semaines... Personne, et nul indice qui pût mettre sur la trace des trois disparus.

On avait pourtant fait de minutieuses recherches dans tout le quartier... Rien! — Dans les rues qui aboutissent au port... Rien! — Dans le parc même, sous les grands bouquets d'arbres, au plus épais des taillis... Rien! Toujours rien!

Toutefois, on reconnut que, sur la grande clairière, l'herbe avait été

On les logea dans la plus confortable des cases. (Page 204.)

récemment foulée, et d'une façon qui sembla suspecte, puisqu'elle était inexplicable. A la lisière du bois qui l'entoure, des traces d'une lutte furent également relevées. Une bande de malfaiteurs avait-elle donc rencontré, puis attaqué les deux collègues, à cette heure avancée de la nuit, au milieu de ce parc désert?

C'était possible. Aussi, la police procéda-t-elle à une enquête dans les formes et avec toute la lenteur légale. On fouilla la Schuylkill-river, on en râcla le fond, on ébarba les rives de leur amas d'herbes. Et, si ce fut inutile, ce ne fut pas en pure perte, car la Schuylkill avait besoin d'un bon travail de faucardement. On le fit à cette occasion. Gens pratiques, les édiles de Philadelphie.

Alors on en appela à la publicité des journaux. Des annonces, des réclamations, sinon des réclames, furent envoyées à toutes les feuilles démocratiques ou républicaines de l'Union, sans distinction de couleur. Le *Daily Negro*, journal spécial de la race noire, publia un portrait de Frycollin, d'après sa dernière photographie. Récompenses furent offertes, primes promises, à quiconque donnerait quelque nouvelle des trois absents, et même à tous ceux qui retrouveraient un indice quelconque de nature à mettre sur leurs traces.

« Cinq mille dollars! Cinq mille dollars!... A tout citoyen qui... »

Rien n'y fit. Les cinq mille dollars restèrent dans la caisse du Weldon-Institute.

« Introuvables! Introuvables!! Introuvables!!! Uncle Prudent et Phil Evans de Philadelphie! »

Il va sans dire que le club fut mis dans un singulier désarroi par cette inexplicable disparition de son président et de son secrétaire. Et, tout d'abord, l'assemblée prit d'urgence une mesure qui suspendait les travaux relatifs à la construction du ballon le *Go a head*, si avancés pourtant. Mais comment, en l'absence des principaux promoteurs de l'affaire, de ceux qui avaient voué à cette entreprise une partie de leur fortune en temps et monnaie, comment aurait-on pu vouloir achever l'œuvre, quand ils n'étaient plus là pour la finir? Il convenait donc d'attendre.

Or, précisément à cette époque, il fut de nouveau question de l'étrange phénomène, qui avait tant surexcité les esprits quelques semaines auparavant.

En effet, l'objet mystérieux avait été revu ou plutôt entrevu à diverses reprises dans les hautes couches de l'atmosphère. Certes, personne ne songeait à établir une connexité entre cette réapparition si singulière et la disparition non moins inexplicable des deux membres du Weldon-Institute. En effet, il eût fallu une extraordinaire dose d'imagination pour rapprocher ces deux faits l'un de l'autre.

Quoi qu'il en soit, l'astéroïde, le bolide, le monstre aérien, comme on voudra l'appeler, avait été réaperçu dans des conditions qui permettaient de mieux apprécier ses dimensions et sa forme. Au Canada, d'abord, au-dessus de ces territoires qui s'étendent d'Ottawa à Québec, et cela le lendemain même de la disparition des deux collègues ; puis, plus tard, au-dessus des plaines du Far-West, alors qu'il luttait de vitesse avec un train du grand chemin de fer du Pacifique.

A partir de ce jour, les incertitudes du monde savant furent fixées. Ce corps n'était point un produit de la nature ; c'était un appareil volant, avec application pratique de la théorie du « Plus lourd que l'air ». Et, si le créateur, le maître de cet aéronef voulait encore garder l'incognito pour sa personne, évidemment il n'y tenait plus pour sa machine, puisqu'il venait de la montrer de si près sur les territoires du Far-West. Quant à la force mécanique dont il disposait, quant à la nature des engins qui lui communiquaient le mouvement, c'était l'inconnu. En tout cas, ce qui ne laissait aucun doute, c'est que cet aéronef devait être doué d'une extraordinaire faculté de locomotion. En effet, quelques jours après, il avait été signalé dans le Céleste-Empire, puis sur la partie septentrionale de l'Indoustan, puis au-dessus des immenses steppes de la Russie.

Quel était donc ce hardi mécanicien qui possédait une telle puissance de locomotion, pour lequel les États n'avaient plus de frontières ni les océans de limites, qui disposait de l'atmosphère terrestre comme d'un domaine? Devait-on penser que ce fût ce Robur, dont les théories avaient été si brutalement lancées à la face du Weldon-Institute, le jour où il vint battre en brèche cette utopie des ballons dirigeables?

Peut-être quelques esprits perspicaces en eurent-ils la pensée. Mais — chose singulière assurément — personne ne songea à cette hypothèse que ledit Robur pût se rattacher en quoi que ce fût à la disparition du président et du secrétaire de Weldon-Institute.

En somme, cela fût resté à l'état de mystère, sans une dépêche qui arriva de France en Amérique par le fil de New-York, à onze heures trente-sept, dans la journée du 6 juillet.

Et qu'apportait cette dépêche? C'était le texte du document trouvé à Paris dans une tabatière — document qui révélait ce qu'étaient devenus les deux personnages dont l'Union allait prendre le deuil.

Ainsi donc, l'auteur de l'enlèvement c'était Robur, l'ingénieur venu tout exprès à Philadelphie pour écraser la théorie des ballonistes dans son œuf! C'était lui qui montait l'aéronef *Albatros*! C'était lui qui, par représailles, avait enlevé Uncle Prudent, Phil Evans, et Frycollin par-dessus le marché! Et ces personnages, on devait les considérer comme à jamais perdus, à moins que, par un moyen quelconque, en construisant un engin capable de lutter avec le puissant appareil, leurs amis terrestres ne parvinssent à les ramener sur la terre!

Quelle émotion! Quelle stupeur! Le télégramme parisien avait été adressé au bureau du Weldon-Institute. Les membres du club en eurent aussitôt connaissance. Dix minutes après, tout Philadelphie recevait la nouvelle par ses téléphones, puis, en moins d'une heure, toute l'Amérique, car elle s'était électriquement propagée sur les innombrables fils du nouveau continent. On n'y voulait pas croire, et rien n'était plus certain. Ce devait être une mystification de mauvais plaisant, disaient les uns, une « fumisterie » du plus mauvais goût, disaient les autres! Comment ce rapt eût-il pu s'accomplir à Philadelphie, et si secrètement? Comment cet *Albatros* avait-il atterri dans Fairmont-Park, sans que son apparition eût été signalée sur les horizons de l'État de Pensylvanie?

Très bien. C'étaient des arguments. Les incrédules avaient encore le droit de douter. Mais, ce droit, ils ne l'eurent plus, sept jours après l'arrivée du télégramme. Le 13 juillet, le paquebot français *Normandie* avait mouillé dans les eaux de l'Hudson, et il apportait la fameuse tabatière. Le railway de New-York l'expédia en toute hâte à Philadelphie.

C'était bien la tabatière du président du Weldon-Institute. Jem Cip n'aurait pas mal fait, ce jour-là, de prendre une nourriture plus substantielle, car il faillit tomber en pâmoison, quand il la reconnut. Que de fois il y avait puisé la prise de l'amitié! Et miss Doll et miss Mat la reconnurent aussi, cette tabatière, qu'elles avaient si souvent regardée avec l'espoir d'y plonger, un jour, leurs maigres doigts de vieilles filles! Puis ce furent leur père, William T. Forbes, Truk Milnor, Bat T. Fyn et bien d'autres du Weldon-Institute! Cent fois ils l'avaient vue s'ouvrir et se refermer entre les mains de leur vénéré président. Enfin elle eut pour elle le témoignage de tous les amis que comptait Uncle Prudent dans cette bonne cité de Philadelphie, dont le nom indique, — on ne saurait trop le répéter, — que ses habitants s'aiment comme des frères.

Ainsi il n'était pas permis de conserver l'ombre d'un doute à cet égard. Non seulement la tabatière du président, mais l'écriture, tracée sur le document, ne permettaient plus aux incrédules de hocher la tête. Alors les lamentations commencèrent, les mains désespérées se levèrent vers le ciel. Uncle Prudent et son collègue, emportés dans un appareil volant, sans qu'on pût même entrevoir un moyen de les délivrer!

La Compagnie du Niagara-Falls, dont Uncle Prudent était le plus gros actionnaire, faillit suspendre ses affaires et arrêter ses chutes. La *Walton-Watch Company*, songea à liquider son usine à montres, maintenant qu'elle avait perdu son directeur, Phil Evans.

Oui! ce fut un deuil général, et le mot deuil n'est pas exagéré, car, à part quelques cerveaux brûlés comme il s'en rencontre même aux États-Unis, on n'espérait plus jamais revoir ces deux honorables citoyens.

Cependant, après son passage au-dessus de Paris, on n'entendit plus parler de l'*Albatros*. Quelques heures plus tard, il avait été aperçu au-dessus de Rome, et c'était tout. Il ne faut pas s'en étonner, étant donnée la vitesse avec laquelle l'aéronef avait traversé l'Europe du nord au sud, et la Méditerranée de l'ouest à l'est. Grâce à cette vitesse, aucune lunette n'avait pu le saisir sur un point quelconque de sa trajectoire. Tous les observatoires eurent beau mettre leur personnel à l'affût nuit et jour, la machine volante de Robur-le-Conquérant s'en était allée ou si loin ou si haut, — en Icarie, comme il le disait, — qu'on désespéra d'en jamais retrouver la trace.

Il convient d'ajouter que, si sa rapidité fut plus modérée au-dessus du littoral de l'Afrique, comme le document n'était pas encore connu, on ne s'avisa

26

pas de chercher l'aéronef dans les hauteurs du ciel algérien. Assurément, il fut aperçu au-dessus de Tombouctou ; mais l'observatoire de cette ville célèbre, — s'il y en a un, — n'avait pas encore eu le temps d'envoyer en Europe le résultat de ses observations. Quant au roi du Dahomey, il aurait plutôt fait couper la tête à vingt mille de ses sujets, y compris ses ministres, que d'avouer qu'il avait eu le dessous dans sa lutte avec un appareil aérien. Question d'amour-propre.

Au delà, ce fut l'Atlantique que traversa l'ingénieur Robur. Ce fut la Terre de Feu qu'il atteignit, puis le cap Horn. Ce furent les terres australes et l'immense domaine du pôle, qu'il dépassa, un peu malgré lui. Or, de ces régions antarctiques, il n'y avait aucune nouvelle à attendre.

Juillet s'écoula, et nul œil humain ne pouvait se vanter d'avoir même entrevu l'aéronef.

Août s'acheva, et l'incertitude au sujet des prisonniers de Robur demeura complète. C'était à se demander si l'ingénieur, à l'exemple d'Icare, le plus vieux mécanicien dont l'histoire fasse mention, n'avait pas péri victime de sa témérité.

Enfin les vingt-sept premiers jours de septembre s'écoulèrent sans résultat.

Certainement, on se fait à tout en ce monde. Il est dans la nature humaine de se blaser sur les douleurs qui s'éloignent. On oublie, parce qu'il est nécessaire d'oublier. Mais, cette fois, il faut le dire à son honneur, le public terrestre se retint sur cette pente. Non ! il ne devint point indifférent au sort de deux blancs et d'un noir, enlevés comme le prophète Élie, mais dont la Bible n'avait pas promis le retour sur la terre.

Et ceci fut plus sensible à Philadelphie qu'en tout autre lieu. Il s'y joignait, d'ailleurs, de certaines craintes personnelles. Par représailles, Robur avait arraché Uncle Prudent et Phil Evans à leur sol natal. Certes, il s'était bien vengé, quoique en dehors de tout droit. Mais cela suffirait-il à sa vengeance? Ne voudrait-il pas l'exercer encore sur quelques-uns des collègues du président et du secrétaire du Weldon-Institute? Et qui pouvait se dire à l'abri des atteintes de ce tout-puissant maître des régions aériennes?

Or, voilà que, le 28 septembre, une nouvelle courut la ville. Uncle Prudent et Phil Evans auraient reparu, dans l'après-midi, au domicile particulier du président du Weldon-Institute.

Et le plus extraordinaire, c'est que la nouvelle était vraie, quoique les esprits sensés ne voulussent point y croire.

Cependant il fallut se rendre à l'évidence. C'étaient bien les deux disparus, en personne, non leur ombre... Frycollin lui-même était de retour.

Les membres du club, puis leurs amis, puis la foule, se portèrent devant la maison de Uncle Prudent. On acclama les deux collègues, on les fit passer de main en main au milieu des hurrahs et des hips!

Jem Cip était là, ayant abandonné son déjeuner — un rôti de laitues cuites — puis, William T. Forbes et ses deux filles, miss Doll et miss Mat. Et, en ce jour, Uncle Prudent aurait pu les épouser toutes deux, s'il eût été Mormon; mais il ne l'était pas et n'avait aucune propension à le devenir. Il y avait aussi Truk Milnor, Bat T. Fyn, enfin tous les membres du club. On se demande encore aujourd'hui comment Uncle Prudent et Phil Evans purent sortir vivants des milliers de bras par lesquels ils durent passer en traversant toute la ville.

Le soir même, le Weldon-Institute devait tenir sa séance hebdomadaire. On comptait que les deux collègues prendraient place au bureau. Or, comme ils n'avaient encore rien dit de leurs aventures, — peut-être ne leur avait-on pas laissé le temps de parler? — on espérait aussi qu'ils raconteraient par le menu leurs impressions de voyage.

En effet, pour une raison ou pour une autre, tous deux étaient restés muets. Muet aussi le valet Frycollin, que ses congénères avaient failli écarteler dans leur délire.

Mais ce que les deux collègues n'avaient pas dit ou n'avaient pas voulu dire, le voici :

Il n'y a point à revenir sur ce que l'on sait de la nuit du 27 au 28 juillet, l'audacieuse évasion du président et du secrétaire du Weldon-Institute, leur impression si vive quand ils foulèrent les roches de l'île Chatam, le coup de feu tiré sur Phil Evans, le câble tranché, et l'*Albatros*, alors privé de ses propulseurs, entraîné au large par la brise du sud-ouest, tandis qu'il s'élevait à une grande hauteur. Ses fanaux allumés avaient permis de le suivre pendant quelque temps. Puis, il n'avait pas tardé à disparaître.

Les fugitifs n'avaient plus rien à craindre. Comment Robur aurait-il pu revenir sur l'île, puisque ses hélices devaient encore être hors d'état de fonctionner pendant trois ou quatre heures?

D'ici là, l'*Albatros*, détruit par l'explosion, ne serait plus qu'une épave flottant sur la mer, et ceux qu'il portait, des cadavres déchirés que l'Océan ne pourrait pas même rendre.

L'acte de vengeance aurait été accompli dans toute son horreur.

Uncle Prudent et Phil Evans, se considérant comme en état de légitime défense, n'avaient pas eu un remords.

Phil Evans n'était que légèrement blessé par la balle lancée de l'*Albatros*. Aussi tous trois s'occupèrent de remonter le littoral avec l'espoir de rencontrer quelques indigènes.

Cet espoir ne fut pas trompé. Une cinquantaine de naturels, vivant de la pêche, habitaient la côte occidentale de Chatam. Ils avaient vu l'aéronef descendre sur l'île. Ils firent aux fugitifs l'accueil que méritaient des êtres surnaturels. On les adora, ou peu s'en faut. On les logea dans la plus confortable des cases. Jamais Frycollin ne retrouverait une pareille occasion de passer pour le Dieu des noirs.

Ainsi qu'ils l'avaient prévu, Uncle Prudent et Phil Evans ne virent pas revenir l'aéronef. Ils devaient en conclure que la catastrophe avait dû se produire dans quelque haute zone de l'atmosphère. On n'entendrait plus jamais parler de l'ingénieur Robur ni de la prodigieuse machine que ses compagnons montaient avec lui.

Maintenant il fallait attendre une occasion de regagner l'Amérique. Or, l'île Chatam est peu fréquentée des navigateurs. Tout le mois d'août se passa ainsi, et les fugitifs pouvaient se demander s'ils n'avaient pas changé une prison pour une autre, dont Frycollin, toutefois, s'arrangeait mieux que de sa prison aérienne.

Enfin, le 3 septembre, un navire vint faire de l'eau à l'aiguade de l'île

Chatam. On ne l'a pas oublié, au moment de l'enlèvement à Philadelphie, Uncle Prudent avait sur lui quelques milliers de dollars papiers — plus qu'il ne fallait pour regagner l'Amérique. Après avoir remercié leurs adorateurs qui ne leur épargnèrent pas les plus respectueuses démonstrations, Uncle Prudent, Phil Evans et Frycollin s'embarquèrent pour Aukland. Ils ne racontèrent rien de leur histoire, et, en deux jours, ils arrivèrent dans la capitale de la Nouvelle-Zélande.

Là, un paquebot du Pacifique les prit comme passagers, et, le 20 septembre, après une traversée des plus heureuses, les survivants de l'*Albatros* débarquaient à San Francisco. Ils n'avaient point dit qui ils étaient ni d'où ils venaient; mais, comme ils avaient payé d'un bon prix leur transport, ce n'est pas un capitaine américain qui leur en eût demandé davantage.

A San Francisco, Uncle Prudent, son collègue et le valet Frycollin prirent le premier train du grand chemin de fer du Pacifique. Le 27, ils arrivaient à Philadelphie.

Voilà le récit compendieux de ce qui s'était passé depuis l'évasion des fugitifs et leur départ de l'île Chatam. Voilà comment, le soir même, le président et le secrétaire purent prendre place au bureau du Weldon-Institute, au milieu d'une affluence extraordinaire.

Cependant, jamais ni l'un ni l'autre n'avaient été aussi calmes. Il ne semblait pas, à les voir, que rien d'anormal fût arrivé depuis la mémorable séance du 12 juin. Trois mois et demi qui ne paraissaient pas compter dans leur existence!

Après les premières salves de hurrahs que tous deux reçurent sans que leur visage reflétât la moindre émotion, Uncle Prudent se couvrit et prit la parole :

« Honorables citoyens, dit-il, la séance est ouverte. »

Applaudissements frénétiques et bien légitimes! Car, s'il n'était pas extraordinaire que cette séance fût ouverte, il l'était du moins qu'elle le fût par Uncle Prudent, assisté de Phil Evans.

Le président laissa l'enthousiasme s'épuiser en clameurs et en battements de mains. Puis il reprit :

« A notre dernière séance, messieurs, la discussion avait été fort vive (*Écoutez, écoutez*) entre les partisans de l'hélice avant et de l'hélice arrière pour notre ballon le *Go a head!* (*Marques de surprise*). Or, nous avons trouvé moyen de ramener l'accord entre les avantistes et les arriéristes, et ce moyen, le voici : c'est de mettre deux hélices, une à chaque bout de la nacelle ! » (*Silence de complète stupéfaction.*)

Et ce fut tout.

Oui, tout ! De l'enlèvement du président et du secrétaire du Weldon-Institute, pas un mot ! Pas un mot de l'*Albatros* ni de l'ingénieur Robur ! Pas un mot du voyage ! Pas un mot de la façon dont les prisonniers avaient pu s'échapper ! Pas un mot enfin de ce qu'était devenu l'aéronef, s'il courait encore à travers l'espace, si l'on pouvait craindre de nouvelles représailles contre les membres du club !

Certes, l'envie ne manquait pas à tous ces ballonistes d'interroger Uncle Prudent et Phil Evans; mais on les vit si sérieux, si boutonnés, qu'il parut convenable de respecter leur attitude. Quand ils jugeraient à propos de parler, ils parleraient, et l'on serait trop honoré de les entendre.

Après tout, il y avait peut-être dans ce mystère quelque secret qui ne pouvait encore être divulgué.

Et alors Uncle Prudent, reprenant la parole au milieu d'un silence jusqu'alors inconnu dans les séances du Weldon-Institute :

« Messieurs, dit-il, il ne reste plus maintenant qu'à terminer l'aérostat le *Go a head* auquel il appartient de faire la conquête de l'air. — La séance est levée. »

XVIII

QUI TERMINE CETTE VÉRIDIQUE HISTOIRE DE L'ALBATROS, SANS LA TERMINER.

Le 29 avril de l'année suivante, sept mois après le retour si imprévu de Uncle Prudent et de Phil Evans, Philadelphie était tout en mouvement. Rien de politique pour cette fois. Il ne s'agissait ni d'élections ni de meetings. L'aérostat le *Go a head*, achevé par les soins du Weldon-Institute, allait enfin prendre possession de son élément naturel.

Pour aéronaute, le célèbre Harry W. Tinder, dont le nom a été prononcé au commencement de ce récit, — plus un aide-aérostier.

Pour passagers, le président et le secrétaire du Weldon-Institute. Ne méritaient-ils pas un tel honneur? Ne leur appartenait-il pas de venir en personne protester contre tout appareil qui reposerait sur le principe du « Plus lourd que l'air? »

Cependant, après sept mois, ils en étaient encore à parler de leurs aventures. Frycollin lui-même, quelque envie qu'il en eût, n'avait rien dit de l'ingénieur Robur ni de sa prodigieuse machine. Sans doute, en ballonistes intransigeants qu'ils étaient, Uncle Prudent et Phil Evans ne voulaient pas qu'il fût question d'aéronef ou de tout autre appareil volant. Tant que le ballon le *Go a head* ne tiendrait pas la première place parmi les engins de locomotion aérienne, ils ne voulaient rien admettre des inventions dues aux aviateurs. Ils croyaient encore, ils voulaient croire toujours que le véritable véhicule atmosphérique, c'était l'aérostat et qu'à lui seul appartenait l'avenir.

D'ailleurs, celui dont ils avaient tiré une vengeance si terrible, — si juste à leur sens, — celui-là n'existait plus. Aucun de ceux qui l'accompagnaient n'avait pu lui survivre. Le secret de l'*Albatros* était maintenant enseveli dans les profondeurs du Pacifique.

Le *Go a head* s'éleva « majestueusement ». (Page 213.)

Quant à admettre que l'ingénieur Robur eût une retraite, une île de relâche, au milieu de ce vaste océan, ce n'était qu'une hypothèse. En tout cas, les deux collègues se réservaient de décider plus tard s'il ne conviendrait pas de faire quelques recherches à ce sujet.

On allait donc enfin procéder à cette grande expérience que le Weldon-Institute préparait de si longue date et avec tant de soins. Le *Go a head* était le type le plus parfait de ce qui avait été inventé jusqu'à cette époque dans l'art

L'*Albatros* rejoignit le *Go a head*. (Page 218.)

aérostatique, — ce que sont un *Inflexible* ou un *Formidable* dans l'art naval.

Le *Go a head* possédait toutes les qualités que doit avoir un aérostat. Son volume lui permettait de s'élever aux dernières hauteurs qu'un ballon puisse atteindre, — son imperméabilité, de pouvoir se maintenir indéfiniment dans l'atmosphère; — sa solidité, de braver toute dilatation de gaz aussi bien que les violences de la pluie et du vent; — sa capacité, de disposer d'une force ascensionnelle assez considérable pour enlever, avec tous ses accessoires, une machinerie électrique qui devait communiquer à ses propulseurs une puissance de locomotion supérieure à tout ce qui avait été obtenu jusqu'alors. Le *Go a head* avait une forme allongée qui faciliterait son déplacement suivant l'horizontale. Sa nacelle, plate-forme à peu près semblable à celle du ballon des capitaines Krebs et Renard, emportait tout l'outillage nécessaire aux aérostiers, instruments de physique, câbles, ancres, guides-ropes, etc., de plus, les appareils, piles et accumulateurs qui constituaient sa puissance mécanique. Cette nacelle était munie, à l'avant, d'une hélice, et, à l'arrière, d'une hélice et d'un gouvernail. Mais, probablement, le rendement des machines du *Go a head* devait être très inférieur au rendement des appareils de l'*Albatros*.

Le *Go a head* avait été transporté, après son gonflement, dans la clairière de Fairmont-Park, à la place même où s'était reposé l'aéronef pendant quelques heures.

Inutile de dire que sa puissance ascensionnelle lui était fournie par le plus léger de tous les corps gazeux. Le gaz d'éclairage ne possède qu'une force de sept cents grammes environ par mètre cube, — ce qui ne donne qu'une insuffisante rupture d'équilibre avec l'air ambiant. Mais l'hydrogène possède une force d'ascension qui peut être estimée à onze cents grammes. Cet hydrogène pur, préparé d'après les procédés et dans les appareils spéciaux du célèbre Henry Giffard, emplissait l'énorme ballon. Donc, puisque la capacité du *Go a head* mesurait quarante mille mètres cubes, la puissance ascensionnelle de son gaz était quarante mille multipliés par onze cents, soit de quarante-quatre mille kilogrammes.

Dans cette matinée du 29 avril, tout était prêt. Dès onze heures, l'énorme aérostat se balançait à quelques pieds du sol, prêt à s'élever au milieu des airs.

Temps admirable et fait exprès pour cette importante expérience. En somme, peut-être aurait-il mieux valu que la brise eût été plus forte, ce qui aurait rendu l'épreuve plus concluante. En effet, on n'a jamais mis en doute qu'un ballon pût être dirigé dans un air calme; mais, au milieu d'une atmosphère en mouvement, c'est autre chose, et c'est dans ces conditions que les expériences doivent être tentées.

Enfin, il n'y avait pas de vent ni apparence qu'il dût se lever. Ce jour-là, par extraordinaire, l'Amérique du Nord ne se disposait point à envoyer à l'Europe occidentale une des bonnes tempêtes de son inépuisable réserve, et jamais jour n'eût été mieux choisi pour le succès d'une expérience aéronautique.

Faut-il parler de la foule immense réunie dans Fairmont-Park, des nombreux trains qui avaient versé sur la capitale de la Pensylvanie les curieux de tous les états environnants, de la suspension de la vie industrielle et commerciale qui permettait à tous de venir assister à ce spectacle, patrons, employés, ouvriers, hommes, femmes, vieillards, enfants, membres du Congrès, représentants de l'armée, magistrats, reporters, indigènes blancs et noirs, entassés dans la vaste clairière? Faut-il décrire les émotions bruyantes de ce populaire, ces mouvements inexplicables, ces poussées soudaines qui rendaient la masse palpitante et houleuse? Faut-il chiffrer les hips! hips! hips! qui éclatèrent de toutes parts comme des détonations de boîtes d'artifice, lorsque Uncle Prudent et Phil Evans parurent sur la plate-forme, au-dessous de l'aérostat pavoisé aux couleurs américaines? Faut-il avouer enfin que le plus grand nombre des curieux n'était peut-être pas venu pour voir le *Go a head*, mais pour contempler ces deux hommes extraordinaires que l'Ancien Monde enviait au Nouveau?

Pourquoi deux et non trois? Pourquoi pas Frycollin? C'est que Frycollin trouvait que la campagne de l'*Albatros* suffisait à sa célébrité. Il avait décliné l'honneur d'accompagner son maître. Il n'eut donc point sa part des acclamations frénétiques qui accueillirent le président et le secrétaire du Weldon-Institute.

Il va sans dire que, de tous les membres de l'illustre assemblée, pas un ne manquait aux places réservées en dedans des cordes et piquets qui formaient enceinte au milieu de la clairière. Là étaient Truk Milnor, Bat T. Fyn, William T. Forbes, ayant au bras ses deux filles, miss Doll et miss Mat. Tous étaient venus affirmer par leur présence que rien ne pourrait jamais séparer les partisans du « Plus léger que l'air ! »

Vers onze heures vingt, un coup de canon annonça la fin des derniers préparatifs.

Le *Go a head* n'attendait plus qu'un signal pour partir.

Un second coup de canon retentit à onze heures vingt-cinq.

Le *Go a head*, maintenu par ses cordes de filet, s'éleva d'une quinzaine de mètres au-dessus de la clairière. De cette façon la plate-forme dominait cette foule si profondément émue. Uncle Prudent et Phil Evans, debout à l'avant, mirent alors la main gauche sur leur poitrine, — ce qui signifiait qu'ils étaient de cœur avec toute l'assistance. Puis, ils tendirent la main droite vers le zénith, — ce qui signifiait que le plus grand des ballons connus jusqu'à ce jour allait enfin prendre possession du domaine supra-terrestre.

Cent mille mains se portèrent alors sur cent mille poitrines, et cent mille autres se dressèrent vers le ciel.

Un troisième coup de canon éclata à onze heures trente.

« Lâchez tout ! » cria Uncle Prudent, qui lança la formule sacramentelle.

Et le *Go a head* s'éleva « majestueusement », — adverbe consacré par l'usage dans les descriptions aérostatiques.

En vérité, c'était un spectacle superbe ! On eût dit d'un vaisseau qui vient de quitter son chantier de construction. Et n'était-ce pas un vaisseau, lancé sur la mer aérienne ?

Le *Go a head* monta suivant une rigoureuse verticale, — preuve du calme absolu de l'atmosphère, — et il s'arrêta à une altitude de deux cent cinquante mètres.

Là, commencèrent les manœuvres en déplacement horizontal. Le *Go a head*, poussé par ses deux hélices, alla au-devant du soleil avec une vitesse d'une dizaine de mètres à la seconde. C'est la vitesse de la baleine franche au milieu des couches liquides. Et il ne messied pas de le comparer à cette géante des mers boréales, puisqu'il avait aussi la forme de cet énorme cétacé.

Une nouvelle salve de hurrahs monta vers les habiles aéronautes.

Puis, sous l'action de son gouvernail, le *Go a head* se livra alors à toutes les évolutions circulaires, obliques, rectilignes, que lui imprimait la main du timonier. Il tourna dans un cercle restreint, il marcha en avant, en arrière, de façon à convaincre les plus réfractaires à la direction des ballons, — s'il y en avait eu!... S'il y en avait eu, on les aurait écharpés.

Mais pourquoi le vent manquat-il à cette magnifique expérience? Ce fut regrettable. On aurait vu, sans doute, le *Go a head* exécuter, sans une hésitation, tous les mouvements, soit en déviant par l'oblique comme un navire à voiles qui marche au plus près, soit en remontant les courants de l'air comme un navire à vapeur.

En ce moment, l'aérostat se releva dans l'espace de quelques centaines de mètres.

On comprit la manœuvre. Uncle Prudent et ses compagnons allaient tenter de trouver un courant quelconque dans de plus hautes zones, afin de compléter l'épreuve. Du reste, un système de ballonneaux intérieurs analogues à la vessie natatoire des poissons et dans lesquels on pouvait introduire une certaine quantité d'air, au moyen de pompes, lui permettait de se déplacer verticalement. Sans jamais jeter de lest pour descendre ni perdre de gaz pour monter, il était en mesure de s'élever ou de s'abaisser dans l'atmosphère, au gré de l'aéronaute. Toutefois, il avait été muni d'une soupape à son hémisphère supérieur, pour le cas où il eût été obligé à quelque rapide descente. C'était, en somme, l'application de systèmes déjà connus, mais poussés à un extrême degré de perfection.

Le *Go a head* s'élevait donc en suivant une ligne verticale. Ses énormes dimensions diminuaient graduellement aux regards, comme par un effet d'optique. Ce n'est pas ce qu'il y a de moins curieux pour les spectateurs, dont les vertèbres du cou se brisent à regarder en l'air. L'énorme baleine devenait peu à peu un marsouin, en attendant qu'elle fût réduite à l'état de simple goujon.

Le mouvement ascensionnel ne cessant pas, le *Go a head* atteignit une altitude de quatre mille mètres. Mais, dans ce ciel si pur, sans une traînée de brume, il resta constamment visible.

Cependant, il se maintenait toujours au-dessus de la clairière, comme s'il eût été attaché par des fils divergents. Une immense cloche eût emprisonné l'atmosphère qu'elle n'aurait pas été plus immobilisée. Pas un souffle de vent ni à cette hauteur ni à aucune autre. L'aérostat évoluait sans rencontrer aucune résistance, très rapetissé par l'éloignement, comme si on l'eût regardé par le petit bout d'une lorgnette.

Tout à coup, un cri s'éleva de la foule, un cri suivi de cent mille autres. Tous les bras se tendirent vers un point de l'horizon. Ce point, c'était le nord-ouest.

Là, dans le profond azur, est apparu un corps mobile qui s'approche et grandit. Est-ce un oiseau battant des ailes les hautes couches de l'espace? Est-ce un bolide dont la trajectoire coupe obliquement l'atmosphère? En tout cas, il est doué d'une vitesse excessive, et il ne peut tarder à passer au-dessus de la foule.

Un soupçon, qui se communique électriquement à tous les cerveaux, court sur toute la clairière.

Mais il semble que le *Go a head* a vu cet étrange objet. Assurément, il a senti qu'un danger le menace, car sa vitesse est augmentée, et il a pris chasse vers l'est.

Oui! la foule a compris! Un nom, jeté par un des membres du Weldon-Institute, a été répété par cent mille bouches :

« L'*Albatros!*... L'*Albatros!*... »

C'est l'*Albatros*, en effet! C'est Robur qui reparaît dans les hauteurs du ciel! C'est lui qui, semblable à un gigantesque oiseau de proie, va fondre sur le *Go a head!*

Et pourtant, neuf mois avant, l'aéronef, brisé par l'explosion, ses hélices rompues, sa plate-forme coupée en deux, a été anéanti. Sans le sang-froid prodigieux de l'ingénieur, qui modifia le sens giratoire du propulseur de l'avant et le changea en une hélice suspensive, tout le personnel de l'*Albatros* eût été asphyxié par la rapidité même de la chute. Mais, s'ils avaient pu échapper à l'asphyxie, comment lui et les siens ne s'étaient-ils pas noyés dans les eaux du Pacifique ?

C'est que les débris de sa plate-forme, les ailes des propulseurs, les cloisons des roufles, tout ce qui restait de l'*Albatros*, constituait une épave. Si l'oiseau blessé était tombé dans les flots ; ses ailes le soutinrent encore sur les lames. Pendant quelques heures, Robur et ses hommes restèrent d'abord sur cette épave, puis, dans le canot de caoutchouc qu'ils avaient retrouvé à la surface de l'Océan.

La Providence, pour ceux qui croient à l'intervention divine dans les choses humaines, — le hasard, pour ceux qui ont la faiblesse de ne pas croire à la Providence, — vint au secours des naufragés.

Un navire les aperçut, quelques heures après le lever du soleil. Ce navire mit une embarcation à la mer. Il recueillit non seulement Robur et ses compagnons, mais aussi les débris flottants de l'aéronef. L'ingénieur se contenta de dire que son bâtiment avait péri dans une collision, et son incognito fut respecté.

Ce navire était un trois-mâts anglais, le *Two Friends*, de Liverpool. Il se dirigeait vers Melbourne, où il arriva quelques jours après.

On était en Australie, mais encore loin de l'île X, à laquelle il fallait revenir au plus tôt.

Dans les débris du roufle de l'arrière, l'ingénieur avait pu retrouver une somme assez considérable, qui lui permit de subvenir à tous les besoins de ses compagnons, sans rien demander à personne. Peu de temps après son arrivée à Melbourne, il fit l'acquisition d'une petite goëlette d'une centaine de tonneaux, et ce fut ainsi que Robur, qui se connaissait en marine, regagna l'île X.

Et alors il n'eut plus qu'une idée fixe, une obsession : se venger. Mais, pour se venger, il fallait refaire un second *Albatros*. Besogne facile, après tout, pour celui qui avait construit le premier. On utilisa ce qui pouvait servir de l'ancien aéronef, ses propulseurs, entre autres engins, qui avaient été embarqués avec tous les débris sur la goëlette. On refit le mécanisme avec de nouvelles piles et de nouveaux accumulateurs. Bref, en moins de huit mois, tout le travail était terminé, et un nouvel *Albatros*, identique à celui que l'explosion avait détruit, aussi puissant, aussi rapide, fut prêt à prendre l'air.

Dire qu'il avait le même équipage, que cet équipage était enragé contre Uncle Prudent et Phil Evans en particulier, et contre tout le Weldon Institute en général, cela se comprend, sans qu'il convienne d'y insister.

L'*Albatros* quitta l'île X dès les premiers jours d'avril. Pendant cette traversée aérienne, il ne voulut pas que son passage pût être signalé en aucun point de la terre. Aussi voyagea-t-il presque toujours entre les nuages. Arrivé au-desssus de l'Amérique du Nord, en une portion déserte du Far-West, il atterrit. Là, l'ingénieur, gardant le plus profond incognito, apprit ce qui devait lui faire le plus de plaisir d'apprendre : c'est que le Weldon-Institute était prêt à commencer ses expériences, c'est que le *Go a head*, monté par Uncle Prudent et Phil Evans, allait partir de Philadelphie à la date du 29 avril.

Quelle occasion pour satisfaire cette vengeance qui tenait au cœur de Robur et de tous les siens! Vengeance terrible, à laquelle ne pourrait échapper le *Go a head!* Vengeance publique, qui prouverait en même temps la supériorité de l'aéronef sur tous les aérostats et autres appareils de ce genre !

Et voilà pourquoi, ce jour-là, comme un vautour qui se précipite du haut des airs, l'aéronef apparaissait au-dessus de Fairmont-Park.

Oui! c'était l'*Albatros*, facile à reconnaître, même de tous ceux qui ne l'avaient jamais vu !

Le *Go a head* fuyait toujours. Mais il comprit bientôt qu'il ne pourrait jamais échapper par une fuite horizontale. Aussi, son salut, le chercha-t-il par une fuite verticale, non en se rapprochant du sol, car l'aéronef aurait pu lui barrer la route, mais en s'élevant dans l'air, en allant dans une zone où il ne pourrait peut-être pas être atteint. C'était très audacieux, en même temps très logique.

Cependant l'*Albatros* commençait à s'élever avec lui. Bien plus petit que le *Go a head*, c'était l'espadon à la poursuite de la baleine qu'il perce de son dard, c'était le torpilleur courant sur le cuirassé qu'il va faire sauter d'un seul coup.

On le vit bien, et avec quelle angoisse! En quelques instants l'aérostat eut atteint cinq mille mètres de hauteur. L'*Albatros* l'avait suivi dans son mouvement ascensionnel. Il évoluait sur ses flancs. Il l'enserrait dans un cercle dont le rayon diminuait à chaque tour. Il pouvait l'anéantir d'un bond, en crevant sa fragile enveloppe. Alors Uncle Prudent et ses compagnons eussent été broyés dans une effroyable chute!

Le public, muet d'horreur, haletant, était saisi de cette sorte d'épouvante qui oppresse la poitrine, qui prend aux jambes, quand on voit tomber quelqu'un d'une grande hauteur. Un combat aérien se préparait, combat où ne s'offraient même pas les chances de salut d'un combat naval, — le premier de ce genre, mais qui ne sera pas le dernier, sans doute, puisque le progrès est une des lois de ce monde. Et si le *Go a head* portait à son cercle équatorial les couleurs américaines, l'*Albatros* avait arboré son pavillon, l'étamine étoilée avec le soleil d'or de Robur-le-Conquérant.

Le *Go a head* voulut alors essayer de distancer son ennemi en s'élevant plus haut encore. Il se débarrassa du lest qu'il avait en réserve. Il fit un nouveau bond de mille mètres. Ce n'était plus alors qu'un point dans l'espace. L'*Albatros*, qui le suivait toujours en imprimant à ses hélices leur maximum de rotation, était devenu invisible.

Soudain, un cri de terreur s'éleva du sol.

Le *Go a head* grossissait à vue d'œil, tandis que l'aéronef reparaissait en s'abaissant avec lui. Cette fois, c'était une chute. Le gaz, trop dilaté dans les hautes zones, avait crevé l'enveloppe, et, à demi dégonflé, le ballon tombait assez rapidement.

Mais l'aéronef, modérant ses hélices suspensives, s'abaissait d'une vitesse égale. Il rejoignit le *Go a head*, lorsqu'il n'était plus qu'à douze cents mètres du sol, et s'en approcha bord à bord.

Robur voulait-il donc l'achever?... Non!... Il voulait secourir, il voulait sauver son équipage!

Et telle fut l'habileté de sa manœuvre que l'aéronaute et son aide purent s'élancer sur la plate-forme de l'aéronef.

Uncle Prudent et Phil Evans allaient-ils donc refuser les secours de Robur, refuser d'être sauvés par lui ? Ils en étaient bien capables ! Mais les gens de l'ingénieur se jetèrent sur eux, et, par force, les firent passer du *Go a head* sur l'*Albatros*.

Puis, l'aéronef se dégagea et demeura stationnaire, pendant que le ballon, entièrement vide de gaz, tombait sur les arbres de la clairière, où il resta suspendu comme une gigantesque loque.

Un effroyable silence régnait à terre. Il semblait que la vie eût été suspendue dans toutes les poitrines. Bien des yeux s'étaient fermés pour ne rien voir de la suprême catastrophe.

Uncle Prudent et Phil Evans étaient donc redevenus les prisonniers de l'ingénieur Robur. Puisqu'il les avait repris, allait-il les entraîner de nouveau dans l'espace, là ou il était impossible de le suivre ?

On pouvait le croire.

Cependant, au lieu de remonter dans les airs, l'*Albatros* continuait de s'abaisser vers le sol. Voulait-il atterrir ? On le pensa, et la foule s'écarta pour lui faire place au milieu de la clairière.

L'émotion était portée à son maximum d'intensité.

L'*Albatros* s'arrêta à deux mètres de terre. Alors, au milieu du profond silence, la voix de l'ingénieur se fit entendre.

« Citoyens des États-Unis, dit-il, le président et le secrétaire du Weldon-Institute sont de nouveau en mon pouvoir. En les gardant, je ne ferais qu'user de mon droit de représaille. Mais, à la passion allumée dans leur âme par les succès de l'*Albatros*, j'ai compris que l'état des esprits n'était pas prêt pour l'importante révolution que la conquête de l'air doit amener un jour. Uncle Prudent et Phil Evans, vous êtes libres ! »

Le président, le secrétaire du Weldon-Institute, l'aéronaute et son aide, n'eurent qu'à sauter pour prendre terre.

L'*Albatros* remonta aussitôt à une dizaine de mètres au-dessus de la foule.

Puis, Robur, continuant :

« Citoyens des États-Unis, dit-il, mon expérience est faite ; mais mon avis est dès à présent qu'il ne faut rien prématurer, pas même le progrès. La science ne doit pas devancer les mœurs. Ce sont des évolutions, non des révolutions qu'il convient de faire. En un mot, il faut n'arriver qu'à son heure. J'arriverais trop tôt aujourd'hui pour avoir raison des intérêts contradictoires et divisés. Les nations ne sont pas encore mûres pour l'union.

« Je pars donc, et j'emporte mon secret avec moi. Mais il ne sera pas perdu pour l'humanité. Il lui appartiendra le jour où elle sera assez instruite pour en tirer profit et assez sage pour n'en jamais abuser. Salut, citoyens des États-Unis, salut! »

Et l'*Albatros*, battant l'air de ses soixante-quatorze hélices, emporté par ses deux propulseurs poussés à outrance, disparut vers l'est au milieu d'une tempête de hurrahs, qui, cette fois, étaient admiratifs.

Les deux collègues, profondément humiliés, ainsi que tout le Weldon-Institute en leur personne, firent la seule chose qu'il y eût à faire : ils s'en retournèrent chez eux, tandis que la foule, par un revirement subit, était prête à les saluer de ses plus vifs sarcasmes, justes à cette heure!

. . . .
. . . .

Et maintenant, toujours cette question : « Qu'est-ce que ce Robur? Le saura-t-on jamais? »

On le sait aujourd'hui. Robur, c'est la science future, celle de demain peut-être. C'est la réserve certaine de l'avenir.

Quant à l'*Albatros*, voyage-t-il encore à travers cette atmosphère terrestre, au milieu de ce domaine que nul ne peut lui ravir? Il n'est pas permis d'en douter. Robur-le-Conquérant reparaîtra-t-il un jour, ainsi qu'il l'a annoncé? Oui! Il viendra livrer le secret d'une invention qui peut modifier les conditions sociales et politiques du monde.

Quant à l'avenir de la locomotion aérienne, il appartient à l'aéronef, non à l'aérostat.

C'est aux *Albatros* qu'est définitivement réservée la conquête de l'air!

FIN

TABLE DES MATIÈRES

I. — Où le monde savant et le monde ignorant sont aussi embarrassés l'un que l'autre. 1
II. — Dans lequel les membres du Weldon-Institute se disputent sans parvenir à se mettre d'accord 12
III. — Dans lequel un nouveau personnage n'a pas besoin d'être présenté, car il se présente lui-même 26
IV. — Dans lequel, à propos du valet Frycollin, l'auteur essaye de réhabiliter la Lune. 34
V. — Dans lequel une suspension d'hostilités est consentie entre le président et le secrétaire du Weldon-Institute 43
VI. — Que les ingénieurs, les mécaniciens et autres savants feraient peut-être bien de passer. 54
VII. — Dans lequel Uncle Prudent et Phil Evans refusent encore de se laisser convaincre. 65
VIII. — Où l'on verra que Robur se décide à répondre à l'importante question qui lui est posée. 75
IX. — Dans lequel l'*Albatros* franchit près de dix mille kilomètres, qui se terminent par un bond prodigieux. 88
X. — Dans lequel on verra comment et pourquoi le valet Frycollin fut mis à la remorque 107
XI. — Dans lequel la colère de Uncle Prudent croît comme le carré de la vitesse. 121
XII. — Dans lequel l'ingénieur Robur agit comme s'il voulait concourir pour un des prix Monthyon 131
XIII. — Dans lequel Uncle Prudent et Phil Evans traversent tout un océan, sans avoir le mal de mer. 146
XIV. — Dans lequel l'*Albatros* fait ce qu'on ne pourra peut-être jamais faire. 158
XV. — Dans lequel il se passe des choses qui méritent vraiment la peine d'être racontées 173
XVI. — Qui laissera le lecteur dans une indécision peut-être regrettable. . . 187
XVII. — Dans lequel on revient à deux mois en arrière et où l'on saute à neuf mois en avant 194
XVIII. — Qui termine cette véridique histoire de l'*Albatros*, sans la terminer. 207

Paris. — Imp. Gauthier-Villars, 55, quai des Grands-Augustins.

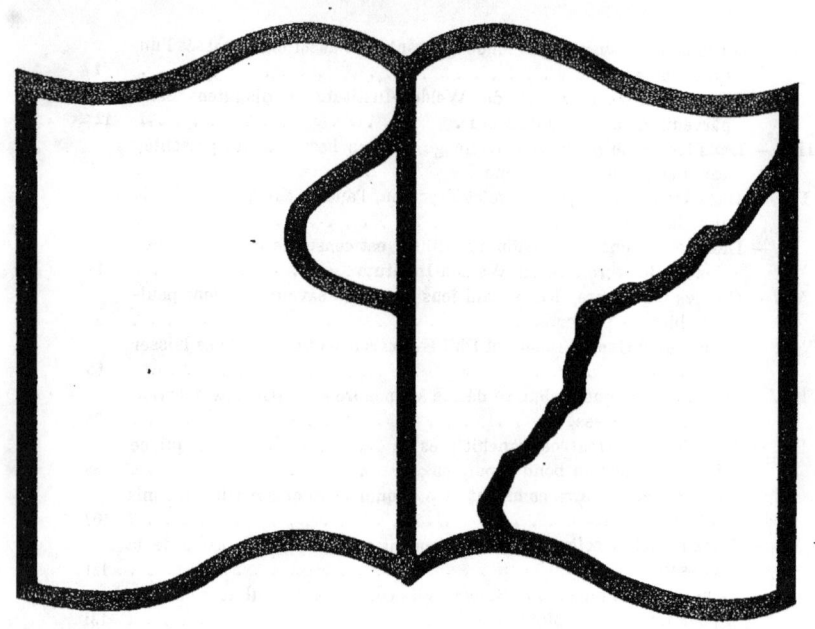

Texte détérioré — reliure défectueuse

NF Z 43-120-11

www.ingramcontent.com/pod-product-compliance
Lightning Source LLC
Chambersburg PA
CBHW051909160426
43198CB00012B/1819